浙江有礼

——共同富裕社会的『文明密码』

楼胆群 等 编著

红旗出版社

图书在版编目（CIP）数据

浙江有礼：共同富裕社会的"文明密码" / 楼胆群等编著. -- 北京：红旗出版社，2023.10
ISBN 978-7-5051-5353-0

Ⅰ.①浙… Ⅱ.①楼… Ⅲ.①共同富裕—研究—浙江 Ⅳ.① F127.55

中国国家版本馆CIP数据核字（2023）第149173号

书　　名	浙江有礼——共同富裕社会的"文明密码"		
	ZHEJIANG YOU LI——GONGTONG FUYU SHEHUI DE "WENMING MIMA"		
编　　著	楼胆群　等		
责任编辑	刘云霞	责任校对	吕丹妮
责任印务	金　硕		
出版发行	红旗出版社		
地　　址	北京市沙滩北街2号	邮政编码	100727
	杭州市体育场路178号	邮政编码	310039
编 辑 部	0571-85310198		
E-mail	498416431@qq.com	发 行 部	0571-85311330
法律顾问	北京盈科（杭州）律师事务所		钱　航　董　晓
图文排版	浙江新华图文制作有限公司		
印　　刷	浙江至美包装彩印有限公司		
开　　本	710毫米×1000毫米	1/16	
字　　数	170千字	印　张	11.25
版　　次	2023年10月第1版	印　次	2023年10月第1次印刷
ISBN 978-7-5051-5353-0		定　价	58.00元

本书编写组

主　编
楼胆群

副主编
邢雁欣

成　员
朱巧香　李金鑫　黄　珊
宋晓清　程能的　廖丁瑶

目录

Contents

绪 论 "礼":中华文化的核心

一、"礼"与中华文明之道:以人为本   003

二、"礼"与中华民族共同体:复礼归仁   007

三、"礼"与人类文明新形态:天下大同   009

第一章 "浙江有礼":内涵要义与时代价值

一、"浙江有礼"的本质精神和深刻内涵   018

二、"浙江有礼"与美好生活的内在联系   020

三、"浙江有礼"与共同富裕的内在联系   022

四、"浙江有礼"与法治浙江的内在联系   024

第二章 礼法合治:浙江文脉中"礼"的思想资源

一、王充:"以礼治国"   028

二、叶适:"崇义以养利,隆礼以致力"   034

三、王阳明："礼法合治" 039

　　四、黄宗羲："治之以本，使小民吉凶一循于礼" 045

第三章　崇礼守信：浙江历史中"礼"的文化基因
　　一、浙江家风家训中的"礼" 052
　　二、浙江礼节民俗中的"礼" 060
　　三、浙商传统中的"礼" 064

第四章　凝心铸魂：以时代精神续写浙江之"礼"
　　一、以习近平新时代中国特色社会主义思想为指引，推动
　　　　"礼"文化创造性转化与创新性发展 074
　　二、以社会主义核心价值观为引领，塑造先进"礼"文化 078
　　三、以红船精神、"红色根脉"为支撑，涵养新时代
　　　　"礼"文化 080

第五章　"浙风十礼"：浙江省域文明新内涵
　　一、浙江省域文明新内涵的提出 084
　　二、"浙风"的科学内涵、基本原则和内在逻辑 089
　　三、"十礼"的行为规范、价值维度和培育路径 094

第六章 化风成俗：打造知行合一的"有礼"实践矩阵

一、强化价值引领：创建"有礼"城市新风的浙江经验　　105

二、创新文化载体：重塑"有礼"乡风文明的浙江做法　　111

三、提升职业道德：再造"有礼"行业规范的浙江案例　　119

第七章 数智赋礼：迈向数字文明新时代

一、勇立潮头：数字文明的"浙里"探索　　126

二、守正创新：数智赋礼的省域文明新实践　　132

三、系统重塑：数字时代精神文明建设的"浙江路径"　　144

第八章 礼和天下："浙江有礼"对人类文明新形态的探索

一、"礼"与和合文化　　152

二、礼与人的现代化　　158

三、礼与人类命运共同体　　165

后　记　　173

绪论 「礼」：中华文化的核心

浙江有礼——共同富裕社会的"文明密码"

习近平总书记在文化传承发展座谈会上强调,在新的起点上继续推动文化繁荣、建设文化强国、建设中华民族现代文明,是我们在新时代新的文化使命。中华优秀传统文化源远流长,是中华文明的智慧结晶和精华所在,与革命文化、社会主义先进文化共同构建了中国特色社会主义文化的基本内容,为社会主义现代化建设和中华民族伟大复兴提供了强大的精神支撑。探索、挖掘和弘扬中华优秀传统文化的当代价值,推动中华优秀传统文化创造性转化、创新性发展,从而凝聚起实现中华民族伟大复兴的强大精神力量,是树立文化自信、推进社会主义精神文明建设的必然之义。许倬云指出:"中国是以礼作为整合的力量,礼出现在国家之前,法则出现在国家之后,春秋战国以前礼大于法,礼与亲缘组织有很密切的关系。"[1]中华民族懂礼、习礼、守礼、重礼、敬礼,是礼仪之邦,浙江更是有源远流长的礼文化。在浙江奋力推进共同富裕先行和省域现代化先行的过程中,以"浙江有礼"开展省域文明新实践,打造一个有温度的和谐社会,是浙江从历史和现实、理论和实践相结合的角度坚持中国道路、弘扬浙江精神、凝聚社会力量的重要探索。通过阐释、弘扬"礼"的现代价值和实践意义,可以帮助理解浙江高质量发展建设共同富裕示范区的文明密码。

---

[1] 许倬云:《中国古代文化的特质》,北京大学出版社2013年版,第38页。

绪论 "礼"：中华文化的核心

一、"礼"与中华文明之道：以人为本

《说文解字》曰："礼，履也。所以事神致福也。"就像人走路必须穿鞋子一样，"礼"是人的行为准则，做人必须依照"礼"的要求行事。董仲舒有言："人生别言礼义，名号之由人事起也。不顺天道，谓之不义；察天人之分，观道命之异，可以知礼之说矣。"[①]"礼"最初源于祭祀神灵的活动，目的在于求神赐福。

从思想来源看，传统意义上中国人说的"礼"来源于以孔子为代表的儒家所崇尚之"礼"，而孔子推崇之"礼"主要源于西周，并在此基础上有所增删：

> 子曰："殷因于夏礼，所损益，可知也；周因于殷礼，所损益，可知也；其或继周者，虽百世，可知也。"（《论语·为政》）

"礼"本义为敬神，后引申为主体发自内心的崇敬态度；由此崇敬态度出发，落实到具体实践生活中，则具象化为各种恰当、合宜的行为方式，并进而约定俗成，成为一系列行为规范、准则；由个人到家，由家到社会，再由社会上升到国，"礼"又被明确为国家之典章制度、仪轨。质言之，孔子所推崇之周礼，最大的特质是以人为本。那么，何谓"以人为本"？

其一，"礼"源于先人。"礼"固然最初源于祭祀神灵的活动，但是从殷商到西周的历史发展来看，祭祀的对象或者说神灵的所指存在着由"神"到"人"的转变。殷商时期，人们希望通过祭祀上天来获知吉凶祸福，但是在殷人看来，自身并非上天所创，他们不是上天的子孙。[②] 殷人或许可以通过占卜在一定程度上获知个别事件的吉凶，但是无法在普遍性的层面上掌握天命的规律。于是他们创造性地将祖先推上天神之位，赋予其人格

---
① 董仲舒：《春秋繁露·天人三策》，陈蒲清校注，岳麓书社1997年版，第301页。
② 参见陈梦家：《殷墟卜辞综述》，中华书局1988年版，第561页。

003

神之属性：一方面，殷人通过以祖先替代上天来确保天命之眷顾；另一方面，殷人可以通过与祖先的沟通来掌握天命的规律。在殷人看来，逝去的祖先依然影响着他们的生活。殷人的创造固然有对原始神灵崇拜祛魅的努力，但是殷人仅仅将祖先天神化以替代上天，这只是一种形式上的转变。而在周人那里，祭祀的内容被确定为歌颂与继承祖先的功德，这里的功德包括爱民、修筑城池、兴盛国家等。在周人看来，天下兴衰更替的天命就蕴藏在祖先的功德当中。换言之，只要学习、继承祖先的功德，就能够掌握天命，就能够在相当程度上为个人、为家庭找到安身立命的依据，同时也为国家安定繁荣奠定基石。周公作为礼乐制度的实际奠基人，他对一系列祭祀仪式、行为准则、政治制度的创设都是建立在继承先人的功德、经验基础上的。

进言之，"礼"源于先人。一方面，"礼"并非天启，亦非纯然出自圣人智者的创造，而是来源于无数先人的实践经验与智慧；另一方面，后人通过学习与掌握"礼"，继承和发展先人的经验与智慧。就此而言，"礼"是中华文明发展的根基，如大江大河之源头为江河提供不断奔腾喷薄的动力；同时，"礼"作为可供后人继承与发展的实践经验与智慧，在一定程度上超越了自然血缘之界限——齐太公封国于东夷之地，"因其俗，简其礼"（《史记·齐太公世家》），周公便夸赞道："平易近民，民必归之。"（《史记·鲁周公世家》）就此而言，"礼"超越了不同族群的血缘界限，将他们同样源自先人的经验智慧、文明成果一同融入中华文明，如中华大地上各条支流汇入大江大河，共同奔流向海。

其二，"礼"源于人情。"礼"不是抽象的、形式化的教条，它服务于现实中具体的人。在孔子的理解中，"礼"应该顺应并合乎"情"：

> 林放问礼之本。子曰："大哉问！礼，与其奢也，宁俭；丧，与其易也，宁戚。"（《论语·八佾》）

绪论 "礼"：中华文化的核心

此外，《郭店楚墓竹简·性自命出》亦提出了"礼作于情"的观点："礼作于情，或兴之也，当事因方而制之。其先后之序则宜道也。"①这不仅说明了"情"相对于"礼"的优先性，而且有"礼"是为"情"服务的手段的意思。"情"作为喜怒哀乐之气的外在流露，是人对于他人、他物、事件所表现出的好恶。在现实生活中，"情"表现为主体对外界人、事、物之"欲"，并进而作为人的一系列实践行为的目的与动力。但是，一方面，从目的来看，人之情欲有过与不及之分，不及则不尽善，过则反成恶；另一方面，从动力来看，个体情欲之指向因物变幻莫定，欲求之力度因时必有衰竭。故而以孔子为代表的儒家在肯定人的情感欲求的同时，也主张以"礼"对之加以规约。当然，这种规约就其作为手段而言，并不是从根本上抑制人的情感欲求，而是通过制定礼仪制度来规范、引导人的欲求活动。董仲舒认为，"故君子非礼而不言，非礼而不动。好色而无礼则流，饮食而无礼则争。流争则乱。故礼，体情而防乱者也。民之情，不能制其欲，使之度礼"，"以礼义为道，则文德"②。

"礼"作为"情"的引导，并非只具有消极的抑制作用，它作为无数先人积累的经验智慧，亦即中华民族优秀文化的载体，通过教化等方式，被"灌注"入个体的意识当中，与个体之"情"融而为一。如此，一方面，人的行为不只是满足个体的情欲目的，无形中也成了中华文明不断发展前进的组成部分，如涓涓细流汇入大江大河一般；另一方面，个体情欲"其兴也勃焉，其亡也忽焉"，本身并不足以作为行为动力。"礼"作为集体的、历史的经验与智慧，与个体之"情"融而为一：内化于心，亦即化他律为自律；外化于行，亦即化应然为实然，使个体的行为具有持久性与稳定性。这也就是孔子所说的"文质彬彬，然后君子"（《论语·雍也》）。

其三，"礼"源于人道。人道相对于自然之道而言，后者就是按照丛

---

① 转引自李零：《郭店楚简校读记（增订本）》，北京大学出版社2002年版，第106页。
② 董仲舒：《春秋繁露·天人三策》，岳麓书社1997年版，第300页。

林法则运行的自然界的实然状态。人之所以是人，人之所以异于禽兽，人之所以胜于禽兽，在荀子看来，关键在于人能够团结："力不若牛，走不若马，而牛马为用，何也？曰：人能群，彼不能群也。"（《荀子·王制》）

人何以能够团结？荀子认为，这是因为我们有一套协调人与人之间关系的社会秩序——"礼"：

> 礼起于何也？曰：人生而有欲，欲而不得，则不能无求。求而无度量分界，则不能不争；争则乱，乱则穷。先王恶其乱也，故制礼义以分之，以养人之欲，给人之求。使欲必不穷于物，物必不屈于欲。两者相持而长，是礼之所起也。（《荀子·礼论》）

正所谓"不患寡而患不均，不患贫而患不安"，一套能使人人各得其所的社会秩序，尤其是分配秩序，是使人摆脱弱肉强食的自然状态，进而团结一心，共同创建一个理想社会的重要前提。而这样的社会就是"天下大同"，这是中华民族历代先人夙夜匪懈、孜孜不倦追求的永恒目标，同时也是中华文明的核心之一。《礼记·礼运》云：

> 大道之行也，天下为公。选贤与能，讲信修睦，故人不独亲其亲，不独子其子，使老有所终，壮有所用，幼有所长，矜寡孤独废疾者皆有所养，男有分，女有归。

"礼"作为社会秩序，其作用不止于保障层面上的扶助弱者（"矜寡孤独废疾者皆有所养"），更在于发展意义上的引导强者（"壮有所用"）——荀子曰"制天命而用之""国之命在礼"。质言之，大同社会不是压抑欲望、波澜不惊的一潭死水——"礼"的作用不但在于分好"饼"，而且在于引导全社会将"饼"做大。只有避免内耗，将人恃强凌弱的原始欲望转化为改造自然的创造力，社会才能进步，文明才得以发展。

二、"礼"与中华民族共同体：复礼归仁

2019年9月27日，习近平总书记在全国民族团结进步表彰大会上明确指出，"坚持促进各民族交往交流交融，不断铸牢中华民族共同体意识"，"推动中华民族走向包容性更强、凝聚力更大的命运共同体"。[①]

较之血缘、自然地缘认同，中华民族的民族认同更多是就文化而言的。章太炎认为，"中华之名词，不仅非一地域之国名，亦且非一血统之种名，乃为一文化之族名"，"华之所以为华，以文化言"。[②] 这里的文化认同包括共同的语言文字、共同的社会生活、共同的礼仪文化等。"礼仪文化是中国传统文化的重要内容，在推动各民族交往交流交融、构筑中华民族共有精神家园上具有先天优势，理应在铸牢中华民族共同体意识上积极作为。"[③]

从历史上看，中华民族或者说华夏民族的概念早在先秦时期便已经形成，《尚书·周书》中便有"华夏蛮貊，罔不率俾"的表述。"中华"之"中"固然有居于天下之中的含义，大禹分天下为九州，豫州居天下之中，故被称为中州、中原，先秦文献中之"中国"大多泛指中原，但是，中华之所以为中华，华夏之所以为华夏，更多还是因为其有礼乐文明。孔颖达曰："夏，大也，中国有礼仪之大，故称；夏有服章之美，谓之华。"（《春秋左传正义》）。与"华夏"相对的概念是"夷"。"夷"原指九州东部之人，《说文解字》曰："夷，平也，从大从弓。东方之人也。"后泛指居住于华夏文明圈周围的四方异族。春秋以后，判断"夷""夏"的标准，不再是地域、血缘、种族，而是文化——是否遵循"礼"。杞国国君是大禹的

---

① 习近平：《在全国民族团结进步表彰大会上的讲话》，《人民日报》2019年9月28日第2版。
② 章太炎：《中华民国解》，载《章太炎全集》（四），上海人民出版社1985年版，第253页。
③ 蒋璟萍：《以礼仪文化推动铸牢中华民族共同体意识》，《光明日报》2022年4月14日第2版。

后裔，但是杞国却不行周礼而用夷礼，其国君便被贬称为"杞子"："二十七年春，杞桓公来朝。用夷礼，故曰'子'。公卑杞，杞不共也。"（《左传·僖公二十七年》）当然，这里的"礼"也不是僵化的教条，孔子说过："麻冕，礼也；今也纯，俭。吾从众。"（《论语·子罕》）正如前文所言，齐国先民大多是东夷人，齐太公"因其俗，简其礼"，齐国并没有因此被视为"夷"。进而言之，"夷"与"夏"之间的界限不是绝对的："夏"可因其不行"礼"（周礼）而被视为"夷"，"夷"同样也能通过行"礼"而被视为"夏"，并进而融入中华民族的文化、政治体系。

当然，上述讨论中的"礼"更多涉及"礼仪"中的"仪"，亦即外在形式，包括语言文字、社会风俗习惯、典章制度等。对于将更多的民族融入中华民族共同体，这些"礼"的外在形式固然是重要的，但更重要的还是要把握"礼"的内在核心，也就是上文所说的以人为本，也就是包括孔子在内的儒家孜孜不倦所追求的"仁"。孔子将人道普遍化了，将本来行之于贵族的礼乐观念普遍化于大众之间。孔子认为，"仁者爱人"。《中庸》亦云："仁者，人也。""仁"与"礼"是不可分割的：

> 子曰："人而不仁，如礼何？人而不仁，如乐何？"（《论语·八佾》）

> 子曰："克己复礼为仁。一日克己复礼，天下归仁焉。为仁由己，而由人乎哉？"（《论语·颜渊》）

"克己"是"复礼"的前提，"复礼"即能恢复周礼，使动荡的社会秩序得以恢复，"复礼"的实现就意味着"天下归仁"。"克己复礼"固然以个体的修身为基础，但是从"天下归仁"的结果来看，"克己复礼"并不仅仅局限于个体层面的修养之道。它必然会依循儒家"修身—齐家—治国—平天下"的实践进路，将周礼、仁道推己及人，布于天下。"子路问君子。子曰：'修己以敬。'曰：'如斯而已乎？'曰：'修己以安人。'曰：'如斯而已乎？'曰：'修己以安百姓。修己以安百姓，尧舜其犹病诸？'"（《论语·宪问》）"修身"的终极目的是安人、安天下之百姓。孔子曾说："居处恭，执事敬，与人忠。虽之夷狄，不可弃也。"（《论语·子路》）显然，孔子心目中的人与百姓并不局限于中原或中国一域，而是延及四方。普天之下，皆能行周礼；率土之滨，皆能沐仁道。

"天下归仁"是中华民族或者说华夏民族自身发展壮大的终极目标，在历史上表现为各民族不断沟通、交融的过程。在这一过程中，从文化上看，不同区域、民族的语言文字、社会习惯、礼仪风俗都不同程度地融入中华民族文化范围——楚国曾被视为蛮夷，但是《诗经·周南》收录的就是楚人生活的汉江到淮河流域的诗歌，《楚辞》也被视为中国文学史上第一部浪漫主义诗歌总集，是中华文明的瑰宝。可以说，在对待原初与自身不同的文明时，中华民族秉持"己所不欲，勿施于人"以及"己欲立而立人，己欲达而达人"的精神，并非盲目排外、以邻为壑，而是兼容并蓄、海纳百川。所谓"克己复礼"，也并非仅仅局限于对外在形式的追求，而是以"仁"为终极目标。正因如此，中华民族在自我发展的过程中，才能够很好地处理并调和不同民族文明的差异，将之融入中华民族共同体的大家庭。

三、"礼"与人类文明新形态：天下大同

"礼者，继天地，体阴阳，而慎主客；序尊卑贵贱大小之位，而差内外远近新旧之级者也。以德多为象。"[1] 在庆祝中国共产党成立100周年大会上，习近平总书记指出，"我们坚持和发展中国特色社会主义，推动物质文明、政治文明、精神文明、社会文明、生态文明协调发展，创造了中

---

[1] 董仲舒：《春秋繁露·天人三策》，岳麓书社1997年版，第164页。

国式现代化新道路，创造了人类文明新形态"①。2023年2月，他在新进中央委员会的委员、候补委员及省部级主要领导干部学习贯彻习近平新时代中国特色社会主义思想和党的二十大精神研讨班上进一步指出，中国式现代化，深深植根于中华优秀传统文化，体现科学社会主义的先进本质，借鉴吸收一切人类优秀文明成果，代表人类文明进步的发展方向，展现了不同于西方现代化模式的新图景，是一种全新的人类文明形态。中国式现代化，打破了"现代化＝西方化"的迷思，展现了现代化的另一幅图景，拓展了发展中国家走向现代化的路径选择，为人类对更好社会制度的探索提供了中国方案。中国式现代化蕴含的独特世界观、价值观、历史观、文明观、民主观、生态观及其伟大实践，是对世界现代化理论和实践的重大创新。中国式现代化为广大发展中国家独立自主迈向现代化树立了典范，为其提供了全新选择。

数百年来，所谓"现代化"，实际上指的是西方文明所倡导的"现代化"，也就是马克斯·韦伯所强调的"世界的祛魅"。西方文明虽然因为宗教改革，披上了世俗化的理性外衣，但"由于基督教先天具有的一神教信仰教义与以'福音'为主导的普世主义传教精神，它的信仰机制往往将其传道源头（西方）视为对'野蛮'（西方之外的）社会展开'教化'的中心"②。同时，由于事实上世界的现代化进程的确以西方为源头，在物质基础和精神信仰的双重加持之下，现代世界形成了以西方资本主义为核心的现代文明观——基督教信仰和资本主义发展模式相结合的人类文明发展形态。

毋庸置疑，西方现代化进程在物质文明方面取得了巨大的成就，而这些成就又极大地增强了"西方文明中心论"信仰者的信心，让他们未经反

---

① 习近平：《在庆祝中国共产党成立100周年大会上的讲话》，《人民日报》2021年7月2日第2版。

② 王立胜、晏扩明：《"儒家传统-共产主义"文明新形态——中国道路对人类文明新形态的现代探索》，《文化纵横》2022年第3期。

思就将实然化为当然,将西方文明视作最优秀乃至唯一正确的文明发展模式,进而质疑甚至否定其他文明发展模式——西方文明与其他文明的关系就像世界夜间灯光分布图所展示的那样,愈是西方发达国家,夜间灯光愈密集、愈闪亮,而那些没有沐浴到西方文明的发展中国家的零星的微弱灯光,若隐若现,仿佛马上要被周围的黑暗吞噬一般——在他们看来,光明与黑暗无法并存,二者之间正在进行你死我活的殊死搏斗。事实上,白昼黑夜交替本是自然现象,而那些西方文明价值信奉者却要为其作出价值判定——黑夜熄灯就寝也被视作原罪,只有开灯睡觉才是价值正确。从根本上来说,这种文明观与当今倡导多元、互通、互鉴的世界发展形势是背道而驰的。

在中国传统文化中,我们往往以"天下"代指世界。在中国古代"修身—齐家—治国—平天下"的结构中,"平天下"被视为最高的政治及伦理价值取向。以特定的礼仪形式、风俗习惯、政治制度作为中华文明的文化基础,并以此来区分华夏与少数民族(夷),进而在天下之框架内通过以华夏统诸夷的方式实现"平天下"的目标,这样的做法或许在一定程度上能够不用兵戈或少用兵戈,但仍然脱离不了"文明征服论"的窠臼,与西方文明中心主义并无二致。上文的论述强调了"礼"的本质在于以人为本,这里的"人"不仅包括"华夏",同时也包含所有天下四方之民。所以,在"平天下"的过程中,"礼"的内容就不能仅限于特定的礼仪形式、风俗习惯、政治制度,而是要上升到更高的价值追求——"仁":

子曰:"言忠信,行笃敬,虽蛮貊之邦,行矣;言不忠信,行不笃敬,虽州里,行乎哉?"(《论语·卫灵公》)

在孔子以及之后的儒家看来,"仁"显然是能为天下四方之民所接受的、具有普遍性的价值理念。当然,在具体的实践过程中,儒家不可能仅仅凭借一句"己所不欲,勿施于人"来解决所有的社会问题,于是就需要在人与人之间重新建立一套宽人律己的交往规则,并且对原初的礼仪形式、风俗习惯、政治制度进行适当变更以获取天下四方之民的现实认同,这就是中华民族文化基因中所特有的包容开放和兼容并蓄。而这样一套交往规则又必须以"仁"作为最高价值原则,如此方能怀柔远人,协和万邦,并向天下大同的终极目标迈进。

当今世界多种文化相互交融,多元思想相互激荡。1993年,美国哈佛大学国际政治学教授塞缪尔·亨廷顿在《文明的冲突》一书中指出,冷战时代的政治意识形态对垒结束之后,未来世界冲突的主要形式将不再是政治冲突和经济冲突,而是以传统宗教为基本依托的文明的冲突,并且这种冲突在21世纪将主要表现为伊斯兰教文明与西方基督教文明之间的冲突。时至今日,尽管不同民族、国家和宗教之间的和平共处一直是人类向往的美好理想,但是世界发展中的冲突、战争和文化隔阂,促使我们对多元文化世界如何实现价值观共识进行更加深刻和冷静的思考。

价值观共识的形成离不开文化认同的塑造。文化是一个国家、一个民族的精神家园,是思想的交流方式。文化体现着一个国家、一个民族的价值取向、道德规范、思想风貌及行为特征。中华文明是四大古文明中唯一没有中断的文明,中华民族在长期生产生活实践中产生和形成的优秀传统文化,为中华民族的生息、发展和壮大提供了丰厚的精神滋养。中华优秀传统文化是中华五千多年文明的结晶,是中华民族的独特标志。习近平总书记指出,这些思想文化体现着中华民族世世代代在生产生活中形成和传承的世界观、人生观、价值观、审美观等,其中最核心的内容已经成为中华民族最基本的文化基因,这些最基本的文化基因是中华民族和中国人民在修齐治平、尊时守位、知常达变、开物成务、建功立业过程中逐渐形成的有别于其他民族的独特标志。中华优秀传统文化对中华文明形成并延续发展几千年而从未中断,对形成和维护中国团结统一的政治局面,对形成和巩固中国多民族和合一体的大家庭,对形成和丰富中华民族精神,对激励中华儿女维护民族独立、反抗外来侵略,对推动中国社会发展进步、促

绪论 "礼"：中华文化的核心

进中国社会和谐发展等，都发挥了十分重要的作用。也就是说，中华民族之所以是中华民族，就是因为中华优秀传统文化赋予的精神气质。中华优秀传统文化是中华民族的"根"与"魂"。习近平总书记指出，"优秀传统文化是一个国家、一个民族传承和发展的根本，如果丢掉了，就割断了精神命脉"，"文明特别是思想文化是一个国家、一个民族的灵魂"。一个国家和民族如果丧失了文化根脉，就无法在世界上立足，更何谈成长与壮大。在新时代，我们要将传承和弘扬中华优秀传统文化与涵养社会主义核心价值观、建设中国特色社会主义精神文明有机统一、紧密结合，不断铸就中华文化新辉煌。

"党的十八大以来，围绕传承和弘扬中华优秀传统文化，习近平总书记发表了一系列重要论述，特别强调要讲清楚每个国家和民族的历史传统、文化积淀、基本国情不同，其发展道路必然有着自己的特色；讲清楚中华文化积淀着中华民族最深沉的精神追求，是中华民族生生不息、发展壮大的丰厚滋养；讲清楚中华优秀传统文化是中华民族的突出优势，是我们最深厚的文化软实力；讲清楚中国特色社会主义植根于中华文化沃土、反映中国人民意愿、适应中国和时代发展进步要求，有着深厚历史渊源和广泛现实基础"，"推动中华优秀传统文化创造性转化、创新性发展，不断提高人民思想觉悟、道德水平、文明素养，不断铸就中华文化新辉煌"。[①] 在党的二十大报告中，习近平总书记强调要"推进文化自信自强，铸就社会主义文化新辉煌"，"激发全民族文化创新创造活力，增强实现中华民族伟大复兴的精神力量"，"不断提升国家文化软实力和中华文化影响力"。习近平总书记关于传承和弘扬中华优秀传统文化的重要论述，对我们坚持发展社会主义先进文化、涵养社会主义核心价值观、在世界文化激荡中站稳脚跟具有重要指导意义。

---

① 李锐：《为什么要弘扬中华优秀传统文化——学习习近平总书记关于弘扬中华优秀传统文化重要论述》，《光明日报》2019年3月28日第6版。

浙江有礼——共同富裕社会的"文明密码"

"周虽旧邦,其命维新。"2023年3月15日,习近平总书记在中国共产党与世界政党高层对话会上的主旨讲话中指出:"中国式现代化是人口规模巨大、全体人民共同富裕、物质文明和精神文明相协调、人与自然和谐共生、走和平发展道路的现代化,既基于自身国情、又借鉴各国经验,既传承历史文化、又融合现代文明,既造福中国人民、又促进世界共同发展,是我们强国建设、民族复兴的康庄大道,也是中国谋求人类进步、世界大同的必由之路。"他强调:"'一花独放不是春,百花齐放春满园。'在各国前途命运紧密相连的今天,不同文明包容共存、交流互鉴,在推动人类社会现代化进程、繁荣世界文明百花园中具有不可替代的作用。"他还提出了全球文明倡议,"要共同倡导尊重世界文明多样性,坚持文明平等、互鉴、对话、包容,以文明交流超越文明隔阂、文明互鉴超越文明冲突、文明包容超越文明优越","要共同倡导弘扬全人类共同价值,和平、发展、公平、正义、民主、自由是各国人民的共同追求,要以宽广胸怀理解不同文明对价值内涵的认识,不将自己的价值观和模式强加于人,不搞意识形态对抗","要共同倡导重视文明传承和创新,充分挖掘各国历史文化的时代价值,推动各国优秀传统文化在现代化进程中实现创造性转化、创新性发展","要共同倡导加强国际人文交流合作,探讨构建全球文明对话合作网络,丰富交流内容,拓展合作渠道,促进各国人民相知相亲,共同推动人类文明发展进步"。他呼吁,"我们愿同国际社会一道,努力开创世界各国人文交流、文化交融、民心相通新局面,让世界文明百花园姹紫嫣红、生机盎然"。[①]

伴随着中国式现代化新道路的伟大探索,中华民族翻开了历史新篇章。百年来,中国共产党矢志不渝,团结带领全国各族人民,坚持把马克思主义和中华优秀传统文化结合起来,汲取中华传统文化中的有益养分,持续

---

① 习近平:《携手同行现代化之路——在中国共产党与世界政党高层对话会上的主旨讲话》,《人民日报》2023年3月26日第2版。

推进马克思主义中国化进程，走出了一条令国人振奋、世界瞩目的中国特色社会主义道路。纵观中国共产党成立以来的风雨历程，中华优秀传统文化一直是中华民族的力量之源、情感之源、动力之源和信心之源。中华民族实现伟大复兴需要文化土壤和精神保障。在当代中国，中华优秀传统文化是治国理政的重要思想资源，能够为治国理政提供经验借鉴和智慧启示。"礼"是中国传统文化的重要组成部分，蕴含着博大精深的哲学思想、人文精神、道德观念等，可以为我们在新时代认识和改造世界、走向国家治理现代化以及建设社会主义精神文明贡献智慧。

浙江省委书记易炼红在2023年"新春第一会"上提出，"以非凡力度激发全省域文化创新活力，推动文化自信自强取得新的重大进展"[①]。"浙江有礼"省域文明新实践以社会主义核心价值观为引领，在当代社会生活中以"礼"引领文化共识，推进社会和谐，使五千多年的中华文明得以绵延赓续，在中华优秀传统文化融入现代社会治理方面作了创造性的、探索性的有益尝试，特别是在以传统文化实现精神共同富裕方面作了重要探索，为中国式现代化发展之路进行了省域探索，为创造人类文明新形态贡献了浙江方案、浙江智慧、浙江力量。

---

① 易炼红：《深入实施"八八战略" 强力推进创新深化改革攻坚开放提升 在中国式现代化新征程上干在实处走在前列勇立潮头》，《今日浙江》2023年第2—3期。

第一章

"浙江有礼"：内涵要义与时代价值

浙江有礼——共同富裕社会的"文明密码"

"浙江有礼"省域文明新实践，依托新时代文明实践中心等阵地，大力倡导践行以"爱国爱乡、科学理性、书香礼仪、唯实惟先、开放大气、重诺守信"，以及"敬有礼、学有礼、信有礼、亲有礼、行有礼、帮有礼、仪有礼、网有礼、餐有礼、乐有礼"为主要内容的"浙风十礼"，让每一位浙江人都成为文明浙江的代言人和受益者，让"礼"在新时代焕发新的生机。

一、"浙江有礼"的本质精神和深刻内涵

中华优秀传统文化源远流长、博大精深，包含着丰富的哲学思想、道德情操、价值观念、辩证思维和科学智慧，是中华民族的瑰宝。习近平总书记在中央政治局第十八次集体学习时指出："中华传统文化源远流长、博大精深，中华民族形成和发展过程中产生的各种思想文化，记载了中华民族在长期奋斗中开展的精神活动、进行的理性思维、创造的文化成果，反映了中华民族的精神追求，其中最核心的内容已经成为中华民族最基本的文化基因。"[1]

---

[1] 习近平：《牢记历史经验历史教训历史警示 为国家治理能力现代化提供有益借鉴》，《人民日报》2014年10月14日第1版。

第一章 "浙江有礼"：内涵要义与时代价值

"礼"在中国社会中一直占据着重要的位置。自周公制礼作乐开始，"礼"成为中国古代国家治理中最具规范性、权威性的制度安排。古代的"礼"自上而下，对人的生活形成全方位影响。《礼记·曲礼上》有言："人有礼则安，无礼则危。""有礼则安"意味着一种和谐有序的生存状态，这种状态是个人与社会的上下合一。现代社会中的"礼"，就其本质而言，是一种公共交往中的行为规范。从本质上讲，"浙江有礼"反映了一种和谐的文化内蕴，是人与自我、人与人、人与自然之间关系的协调。

第一，"礼"是对人际关系的调和。现代社会，在个人的主体性、独立性不断彰显的同时，人际关系也越发疏远。在信息化媒介所构筑的人际空间当中，探究人际交往原则不仅是个体追求的目标，也是社会建设的必然要求。习近平总书记曾谈及的"和而不同""仁者爱人""与人为善""出入相友，守望相助""己所不欲，勿施于人""言必信，行必果"等，无不吻合"礼"的内涵。"浙江有礼"是对中华优秀传统文化中和谐文化的继承与发展，不仅反映了人际交往的基本原则，也使传统和谐文化得到进一步阐释。"礼"强调，在处理人际关系时，不仅要尊重他人，懂得换位思考、将心比心、推己及人，真正做到"己所不欲，勿施于人"，而且要怀有包容之心、怀有仁爱之情，讲究礼数，平等相处，达到人与人真正的和谐。以"礼"致和谐、和睦，对新时代社会主义核心价值观的建构、和谐社会的建设有着不可替代的作用。"浙风十礼"与社会主义核心价值观中的诚信、友善、和谐相一致，是对传统和谐文化的继承与升华。"礼"就其本质而言，是对社会秩序的整合。

第二，"礼"是对现代交往的规范。在我国古代，无论是帝王还是平民，都推崇道德修养，重视人格建构。传统文化中的和谐思想在个体修养上强调内省、克己，注重洁身自好，追求"克己复礼"的道德境界。随着时代的发展，社会道德标准不断提升，和谐社会的发展少不了个人素质的建构，人类文明程度的提升与个人道德素质的提升密切相关。传统"礼"文化对现代人自身素养的提升有着极为重要的价值，传统和谐文化中的内省、见利思义等观念在当代社会继续发挥其道德约束的作用。当今社会，人与人的交往日益密切，随着交往频率的提高，更多的矛盾也会暴露，对照"十礼"及时反思自己的言行举止是否符合规范，有则改之，无则加勉，对精神文明建设有重要作用。"礼"本身是一个辩证统一的概念，它从个体出发，对个人的言行、思想提出了导向性的理论依据。随着社会的不断发展进步，"礼"紧紧切合时代的脉搏并被赋予新的内涵。与此同时，"礼"所引导的社会新风尚形成了强大的文化生命力，嵌入人际关系及个人自身的知行关系等诸多方面。因此，"礼"本质上是一种协调、均衡、有序的发展状态，其内在的思维张力必然会在新的时代释放出新的价值。

第三，"礼"是对共同体的促进。近年来，习近平总书记在人类命运共同体的语境下提出全人类共同价值理念。这表明共同体和价值两者之间存在着密切的内在关系。站在历史唯物主义立场上，共同体主张在共同基础上的合作互利、共赢共享、共同发展模式，表达了一种命运休戚与共的发展观，这是中国共产党积极回应全球治理危机、为之贡献的中国智慧。浙江省倡导互利共赢、公平正义、协调发展的共同发展理念，"礼"内蕴着人类共同价值，是物质精神共同富裕的坚实基石。"浙江有礼"凝聚着浙江人民在价值观上的共识，代表了这个时代发展的价值要求和价值追求方向，是社会治理在当代的重大理论创新，深入回答了新时代用价值共识凝聚精神力量的方式。

二、"浙江有礼"与美好生活的内在联系

古今中外，对美好生活的憧憬始终是人类的价值依托和永恒追求。从孔子的大同社会、陶渊明的桃花源到新时代中华民族伟大复兴的中国梦，从马克思的自由人联合体到新时代的人类命运共同体、人类文明新形态，都表达了对美好生活的心驰神往，彰显了对美好生活的价值诉求，描绘了美好生活的宏伟蓝图。新时代的美好生活，是人们基于现实生存状态所生

成的主观体验与幸福感受。美好生活以人的全面发展理论为思想基础，以幸福为价值指向，具有丰富的科学内涵，即美好生活是丰富充裕的物质生活、自由平等的政治生活、品质卓越的精神生活、全面共享的社会生活、和谐美丽的生态生活。实现美好生活，科学的路径选择与蓝图擘画必不可少。"礼"科学回答了幸福生活何以可能的问题。

第一，美好生活只有在和谐的社会中才能实现。缺乏社会和谐，人的基本生存需求都会成为问题，更遑论美好生活。恩格斯在《共产党宣言》波兰文版序言中这样写道："一个独立强盛的波兰的复兴是一件不仅关系到波兰人而且关系到我们大家的事情。"美好生活既是中国人民长久以来的奋斗目标，也是中国人民自始至终的殷切期待。然而，美好生活依赖于"幸福共同体"的实现，依赖于以价值共享为基本特征的社会环境。中国梦、幸福生活、"礼"从其实现来讲是高度统一的。浙江作为共同富裕先行省和省域现代化先行省，已然具备构建朝向幸福生活的共同体的可能性，浙江人民将对美好生活的向往内化于自己的奋斗中，从"礼"的维度进行了精神共同富裕的深度探索。

第二，"礼"为美好生活创造了现实条件。在唯物史观视野中，人是现实的人，生活也是现实的生活，人的生成过程和演进逻辑就是以现实生活为基础、以人的实践活动为中介的。马克思说，无论是"生产物质生活本身"，还是"生产自己的生活资料"，都是以现实生活为基础的，都是在现实生活这一核心要素上建构的。现实生活具有丰富、多样、全面的特性，这决定了人的生活也是丰富、多样、全面的生活，现实生活不仅包含物质生活，还包含政治、文化、社会、生态生活，脱离现实生活，美好生活将无从谈起，人的全面发展也将不复存在。现阶段，我们正处于追求物质财富和精神财富共同富裕的阶段，马克思"人的现代化"思想为这一阶段的奋斗目标提供了思想指引和价值遵循。人不仅是一种"自然存在物""精神存在物"，还是"社会存在物"，不仅有多方面的物质需要，还有精神需要、价值需要，这是幸福生活的依托，与人民对美好生活的向往紧密相连。

缺乏和谐有礼的社会环境，人民对美好生活的愿景就失去了追求的心理基础和奋斗的内在动力。此外，人对自由的生活的追求，也是中国式现代化进程中的重要特征。在唯物史观中，人的自由是以实践为基础的自由精神、自主活动和自由个性构成的有机整体，是人的一种理想的生存状态或生活状态。人的全面发展蕴含了人的幸福以及自由的实现，其实质就是处于现实生活中的人总是根据自身需要得到满足的过程，在浙江奋力推进"两个先行"的过程中，人的精神需求通过"礼"的交往活动得以满足。

第三，"礼"是美好生活的内在需要。浙江的快速发展不仅把美好生活从理想变为现实，也将美好生活从理论变为实践探索。美好生活在其实践的现实指向——生活的创造者和参与者这一根本性问题上，依赖于矛盾的解决。马克思和恩格斯曾指出："人们总是通过每一个人追求他自己的、自觉预期的目的来创造他们的历史。"[①] 人民群众是历史的创造者，是一切社会财富的创造者，也是精神财富的创造者。美好生活依赖于人民群众的集体创造，换言之，人民既是美好生活的创造者，也是美好生活的参与者。美好生活不是一蹴而就的，而是在逐渐解决社会矛盾的过程中得以实现的。因此，人需要充分发挥自己的主动性、创造性，不断满足自身需要。和谐在现代社会逐渐升级为"生活的第一需要"，基于此，在不断实现美好生活的实践道路上，"浙江有礼"正从根本上逐步改变社会的价值共识，这种改变为美好生活的实现提供了前提。只有不断地解决社会矛盾，推动社会向前发展，人民才能创造历史、开拓未来、实现梦想、感受美好、共享幸福。

三、"浙江有礼"与共同富裕的内在联系

第一，共同富裕蕴含着共识共享。人类的生活形态包括物质生活和精

[①]《马克思恩格斯文集》第二卷，人民出版社2009年版，第196页。

第一章 "浙江有礼"：内涵要义与时代价值

神生活。人类社会的发展史就是不断创造物质财富与精神财富的历史，也是人类完善自身、发展自身的历史。改革开放以来，以经济建设为中心，物质财富的创造是第一位和基础性的，精神共同富裕则是近年来随着社会发展提出的崭新命题。随着生产力的发展，人类物质财富不断丰富，人的需要不断增多，人的精神生活需要逐渐彰显。社会愈是现代化，人的精神生活需要和对价值共享的需求就愈加突出。进入新时代，浙江经济建设取得了辉煌成就，在如何满足人民的精神生活、增强精神力量上仍处在探索阶段。精神共同富裕不同于物质共同富裕，后者直观、可数据化、易于衡量。精神共同富裕的特征是人民有共同信仰、有共同价值观，特别是能够在价值共识的基础上形成向上向善、志趣高雅的获得感。

2021年10月，时任浙江省委书记袁家军在省委文化工作会议上强调："我们要打造文明和谐高地，展现崇尚美美与共、自信开放包容的新气象。围绕培育时代新人这个目标，推动社会主义核心价值观深入人心，着力提升公民思想道德素质、科学文化素质和社会文明程度，进一步擦亮'最美浙江人'品牌，推进全域精神文明创建，加快之江文化中心等重大文化设施建设步伐，实施百城万村文化惠民工程，推广'文化家园''城市书房''文化驿站'等文化服务模式，让广大群众在看得见摸得着、真实可感的美好精神文化生活中，得到精神升华、气质提升、文化熏陶。"[1] 精神共同富裕需要共同的精神家园，在核心价值观的基础上，以强烈的历史主动精神，崇德向善、开放通达、和合包容才能创造更加高远的精神世界。

第二，共同富裕需要凝聚社会合力。在新时代，促进人民精神生活共同富裕，核心要义在于"共"。只有凝聚合力、整体推进，才能夯实精神共同富裕的基础。浙江始终坚持以经济建设为中心，坚持高质量发展，全面贯彻新发展理念，在不断构建新发展格局的同时，不断创造和积累社会财富。实现精神富裕，凝聚价值共识，要扎实做好中华优秀传统文化的传

---

[1] 袁家军：《在共同富裕中实现精神富有》，《人民日报》2021年10月22日第5版。

承与弘扬。在党的二十大报告中，习近平总书记强调要把马克思主义基本原理同中华优秀传统文化相结合。"浙江有礼"推动浙江优秀传统文化的创造性转化、创新性发展，引导每个人都成为传播中华美德、中华文化的主体。"礼"这个传统概念的现代应用，拓展了高品质精神文明建设。"浙江有礼"省域文明新实践，旨在通过"有礼"，让全体人民享有更好的社会环境，获得自身发展，满足人们多方面的精神文化需求，促进精神生活的充盈。

四、"浙江有礼"与法治浙江的内在联系

第一，法治和德治的当代辩证关系。法治，即坚持法律至上、依法办事的原则。简单来说，法治就是利用法律规范与法律手段引导人们的行为，利用法律手段对社会公德进行固化，具有一定的强制性。德治是我国传统的治理理论，在儒家思想中，强调利用道德教育人、感化人。从某种角度来看，道德属于隐性的规约，通过道德要求约束人们的言行举止。作为约束人的两种准则，从古代社会的礼法合治，到现代社会法治与德治，二者总是紧密结合的。

法治与德治息息相关，存在辩证统一的关系。德治可以为法治奠定基础，法治可以为德治提供保障。其一，法治是德治的基础和保障。德治的概念相对模糊且不具有强制性，只有完善法律法规、加强执法才能够维护社会秩序，促进道德标准的落实。随着《中华人民共和国民法典》的颁布，我国法治迈向了新的水平。其二，德治是法治的完善。法治所追求的自由、公平不仅来源于道德追求，而且德治与法治在创造社会秩序上具有一致性。

第二，"礼"润民心，强化公序良俗。道德是一切良治善治的"源头活水"，明大德、守公德、严私德是中华优秀传统文化深蕴的道德约束。现代社会中，人与人之间不仅仅是契约形成的关系，因此，单纯采用法治的形式，不能达到社会和谐的治理目的。强调道德宣传教育，能够帮助解

决精神文明建设的难题，自下而上地推动社会和谐。在近年来的文化建设中，党和国家弘扬中华优秀传统文化，广泛开展社会主义核心价值观宣传教育，结合家教家风，潜移默化引导人民形成正确价值观，向上向善。这样的治理方式为社会发展开辟了"新航道"，使道德自律深入人心。

在中国数千年的社会实践中，礼乐文明主要表现在两个方面：一个方面主要关涉生活中的礼节仪式与礼尚往来；另一个方面则是古典道德传统的塑造。也就是说，"礼"在人们的现实生活中与道德紧密关联在一起，"礼"顺天道而来，先贤认为人的行为要符合天道，而合于"礼"就是人的行为合于天道的方式，"礼"是天道的现实化与具体化。《礼记·礼运》强调"无礼则危"。它把礼义作为人自身德行的出发点，通过"礼"能够实现人际关系的和睦，也能让肌肤、筋骨得到强固，这就让人的身心和环境都处于安全的状态。而"礼"的丧失意味着秩序的消亡，个人则面临危机与伤害。可见"礼"具有强大的社会统合效应，是矛盾的润滑剂和社会稳定的推进器。

第二章

2

礼法合治：浙江文脉中『礼』的思想资源

浙江人杰地灵，历史在这里留下了浓墨重彩的一笔。宋韵文化、和合文化、南孔文化、浙东学派、阳明文化……一方水土养一方人，浙江形成了独有的文化标志，进而积淀出独有的经济样态与人文风貌。浙江文脉中蕴藏着丰富的"礼"的思想资源，本书选取部分资源展开分析。

一、王充："以礼治国"

汉代浙江上虞学者王充，著有浙学经典名著《论衡》，是浙江学术史上第一位真正意义上的思想家，被当今学者奉为"浙学的开山之祖"。

（一）王充生平

王充，东汉著名思想家，字仲任，会稽上虞（今浙江上虞）人，生于公元27年（汉建武三年），约卒于公元97年（汉永元九年），享年70岁左右。王充经历汉光武帝、汉明帝、汉章帝、汉和帝四朝，生活时代为东汉前期，其思想政治活动主要集中在明帝和章帝两朝，这也是东汉王朝的鼎盛时期。

王充先祖是魏郡元城（今河北大名）人，"勇任气""怨仇众多"。王充祖父将家迁至钱塘居住，以商贾为业。后因王充父辈性格刚强正直，与豪家丁伯结怨，举家又搬至浙江上虞。王充自称出身于"细族孤门"，此时已完全没有了昔日的风光。王充自幼很聪明，6岁开始读书识字，8岁进书馆。进入书馆的儿童有上百人，皆因过失或未完成课业而受到斥责、鞭打，唯独王充读书进步快，又无过失，甚得老师称赞。在书馆学成之后，王充来到洛阳，进入当时的最高学府太学深造，师从大学者班彪，刻苦攻读，学业大进。因家贫买不起书，王充经常到洛阳书肆看书，他记忆力特强，看一遍就能记诵，靠自己的勤奋和天分，博通众流百家之言，成为饱学之士，被学者们称为"汉代奇人"。但王充的仕途却颇不顺遂，只做过县、州、郡的小官，后来辞官归乡，问学著书。王充先后著有《讥俗》《政务》《论衡》《养性》等，至今流传下来的只有《论衡》。《论衡》共85篇，其中《招致》一篇存目无文，实际84篇，计20余万言。在汉代思想史上，王充是一位极具个性的思想家，以其独特的思想而著称。在东汉王朝继承西汉以来的儒家思想和谶纬神学进行意识形态领域思想控制的背景下，王充反其道而行之，站在唯物主义立场上，对儒家思想和谶纬神学进行批判，肯定了追求物质利益的正当性，提出了关注民生、施政惠民等主张，并提出"以礼治国"的政治主张，形成了其独特的思想体系。

（二）王充"以礼治国"的思想

1."疾虚妄"的批判精神

王充对儒学、儒书、儒生多有抨击之词，但他批判的是俗儒伪书，维护的是儒家的基本道义。两汉之际，谶纬之学风靡一时，"谶"指的是关于占卜吉凶的书，"纬"则是通过阴阳五行说、天人交感说附会儒家经典而产生的。谶纬囊括了神话传说、历史、社会学、民俗学等，是一个无所不包的庞大体系。上至皇帝官僚，下至贩夫走卒，皆对谶纬推崇备至。光武帝的创业之路受谶纬影响极深，他对谶纬深信不疑，并将其抬高到国家意识形态的层面。受此影响，传统儒家思想沦为谶纬学的"仆从"，正是在这一背景下，王充大胆站出来正本清源，力图肃清儒学中的谶纬

"毒瘤"。

王充作《论衡》的要旨便是"疾虚妄"：

> 《诗》三百，一言以蔽之，曰"思无邪"。《论衡》篇以十数，亦一言也，曰"疾虚妄"。（《论衡·佚文》）

王充在《论衡》中，用逻辑论证（"考之以心"），用事实检验（"效之以事"），务求使是非、然否、虚实、真伪得到正确的衡量。王充在《论衡》中，对天人感应的各种形式、道家成仙之术以及各种神圣化的思想，亦即各类典籍所载的虚妄之言、浮夸不实之事等，作了相当精彩的批判。王充的批判对东汉末年至魏晋思想的转变起到极大的促进作用，并且为浙学奠定了求真务实的思想传统。

特别是王充继承了儒家学说强调礼治的思想，他在《非韩》篇中明确提出："国之所存者，礼义也。民无礼义，倾国危主。今儒者之操，重礼爱义，率无礼之士，激无义之人。人民为善，爱其主上，此亦有益也。""以旧礼为无补而去之，必有乱患。"（《论衡·非韩》）秦速亡而汉长盛的教训与经验都证明了这一点。王充强调礼义为治国之本，驳斥韩非"儒生为蠹虫"之说，指出儒生为"礼义之旧防"（维护礼义的固有堤防），这些和《礼记》《荀子》以及贾谊《新书》等著作对礼义的强调并无二致。但王充没有停留在这个层面，他创新性地提出了德力并重的思想："治国之道所养有二：一曰养德，二曰养力。养德者养名高之人，以示能敬贤；养力者养气力之士，以明能用兵。此所谓文武张设，德力具足者也，事或可以德怀，或可以力摧。外以德自立，内以力自备。慕德者不战而服，犯德者畏兵而却。"（《论衡·非韩》）王充既赞同儒家以德服人，又赞同以武力服人。比如他曾极力称赞战国时代称雄一时的齐国，认为齐国"有贤明之君，故有贞良之臣"，而齐桓公"九合诸侯，一正天下，道之以德，将之以威，以故诸侯服从"，乃"千世一出之主也"（《论衡·书虚》）。在王充看来，以仁、礼治天下，以智、力强一国，二者同是可行的治国之道。

2."礼义之行，在谷足也"

王充提出了"礼义之行，在谷足也"的命题。他认为人的第一需要是基本的物质欲望的满足，这对人的其他行为具有基础性的意义。

> 夫世之所以为乱者，不以贼盗众多，兵革并起，民弃礼义，负畔其上乎？若此者，由谷食乏绝，不能忍饥寒。夫饥寒并至而能无为非者寡，然则温饱并至而能不为善者希。传曰："仓廪实，民知礼节；衣食足，民知荣辱。"让生于有余，争起于不足。谷足食多，礼义之心生；礼丰义重，平安之基立矣。故饥岁之春，不食亲戚，穰岁之秋，召及四邻。不食亲戚，恶行也；召及四邻，善义也。为善恶之行，不在人质性，在于岁之饥穰。由此言之，礼义之行，在谷足也。(《论衡·治期》)

既然"让生于有余，争起于不足。谷足食多，礼义之心生；礼丰义重，平安之基立矣"，统治者就必须注重老百姓物质利益的满足，多关注民生，实行惠民之政，只有这样，才能使社会和谐、统治稳定。

由此，王充批判了孔子"去兵、去食、存信"的观点。他分析说："使治国无食，民饿，弃礼义；礼义弃，信安所立？……今言去食，信安得成？春秋之时，战国饥饿，易子而食，析骸而炊，口饥不食，不暇顾恩义也。夫父子之恩，信矣。饥饿弃信，以子为食。"(《论衡·非韩》)人一旦丧失了最基本的生存条件，濒于死亡边缘，便离野兽不远了，任何礼义教化在维系生存面前都显得苍白无力。

> 孔子教子贡去食存信，如何？夫去信存食，虽不欲信，信自生矣；去食存信，虽欲为信，信不立矣。子适卫，冉子仆，子曰："庶矣哉！"曰："既庶矣，又何加焉？"曰："富之。"曰："既富矣，又何加

焉?"曰:"教之。"语冉子先富而后教之,教子贡去食而存信。食与富何别?信与教何异?二子殊教,所尚不同,孔子为国,意何定哉?(《论衡·问孔》)

王充以敏锐的眼光,洞穿了孔子"教子贡去食存信"和"语冉子先富而后教之"之间的矛盾,肯定了满足老百姓基本物质需求的重要性,指出治世首先应将百姓"谷足食多"作为第一要务,"仓廪实"而"礼义之心生;礼丰义重,平安之基立矣",强调治国应当首先考虑满足人民的衣食等基本需要。

3."治国犹治身""民为礼之本"

王充在肯定物质欲望之于人的精神追求的意义的基础上,进一步强调礼义道德之于人和社会发展的重要意义。他认为,衣食是"人道"的必然要求,"教训"同样也是"人道"的必然要求:

物自生,子自成,天地父母,何与知哉!及其生也,人道有教训之义。天道无为,听恣其性,故放鱼于川,纵兽于山,从其性命之欲也。不驱鱼令上陵,不逐兽令入渊者,何哉?拂诡其性,失其所宜也。夫百姓,鱼兽之类也。(《论衡·自然》)

因此,王充反对法家专任刑罚的主张,他批评韩非"任刑独以治世"的主张,他认为韩非的主张"是则治身之人任伤害也。韩子岂不知任德之为善哉?以为世衰事变,民心靡薄,故作法术,专意于刑也。夫世不乏于德,犹岁不绝于春也。谓世衰难以德治,可谓岁乱不可以春生乎?人君治一国,犹天地生万物。天地不为乱岁去春,人君不以衰世屏德。"(《论衡·非韩》)德治和法治一样,是基本的治国之道,绝不能像韩非那样专任刑罚而否定德治。王充从稳定统治和惠及人民的角度出发,在德治和法治之间更看重德治。他认为:

> 治国犹治身也。治一身，省恩德之行，多伤害之操，则交党疏绝，耻辱至身，推治身以况治国，治国之道，当任德也。(《论衡·非韩》)

由此，在王充看来，儒生是礼义之源，耕战是饮食之源，如果治理国家时完全采用法家那一套，"贵耕战而贱儒生""弃礼义求饮食"，必然就会造成"礼义废，纲纪败，上下乱而阴阳谬，水旱失时，五谷不登，万民饥死，农不得耕，士不得战"(《论衡·非韩》)的后果，给人民和国家造成巨大的灾难。

（三）王充礼治思想的现代价值

"问渠那得清如许，为有源头活水来。"源远流长的浙江精神，始终流淌在浙江人民的血脉里，成了代代相传的文化基因。如果说浙江精神就是浙江人民的文化基因，那么作为浙江学术思想代名词的"浙学"，无疑就是浙江精神的"源头活水"。王充作为浙学鼻祖，他关于儒家"礼"的思想和观点深刻影响了后世浙学学者包括陈亮、叶适、黄宗羲等，同时也为当代社会的发展提供了重要的思想助力。"要把开门搞活动作为重要方法。"2013年7月，习近平总书记在河北调研指导党的群众路线教育实践活动时如是说，并引用王充的"知屋漏者在宇下，知政失者在草野"，要求深入群众开展工作，虚心听取群众意见。2014年10月19日，在党的群众路线教育实践活动总结大会上，习近平总书记再次引用这句古语，指出"让群众满意是我们党做好一切工作的价值取向和根本标准，群众意见是一把最好的尺子"[1]。由此可见，1900余年过去了，王充的礼治思想依然能为当今治国理政提供思想助益。

---

[1] 习近平：《在党的群众路线教育实践活动总结大会上的讲话》，《人民日报》2014年10月9日第3版。

二、叶适:"崇义以养利,隆礼以致力"

南宋浙江永嘉学者叶适,是与朱熹等理学大家齐名的永嘉学派集大成者、事功学派代表人物,可谓浙学传统的承上启下者,著有《水心先生文集》《水心别集》《习学记言》等。

(一)叶适生平

叶适,浙江永嘉人,字正则,南宋著名思想家,事功学派代表人物,生于1150年(宋绍兴二十年),卒于1223年(宋嘉定十六年),终年74岁,淳熙五年(1178年)进士,官至宝文阁学士,谥忠定。叶适晚年辞别官场,回到永嘉城外水心村居住,又被称为"水心先生"。他家境贫困,母亲杜氏在生活很贫穷的情况下仍用自己的方式教育子女,正是这样的家庭和教育使他意识到务实的重要性,对其事功思想的形成产生了重要影响。

叶适在南宋孝宗、光宗、宁宗统治时期思想和学术活动最盛,在哲学、史学、政论以及文学等方面造诣较深,在前辈薛季宣、陈亮的思想基础上,更加明确了事功学派的义利思想。在学派如林的南宋,叶适的思想独树一帜,其代表的永嘉学派与朱熹理学、陆九渊心学形成三足鼎立之势。吕振羽评价叶适说:"在我国思想史上,永嘉学派的叶适(水心),是南宋时期主要的正面代表人物,在哲学、史学、政治以及文学等方面,都代表了其时的进步倾向。"[1] 对于叶适的功利思想,冯友兰说:"叶适发出的功利言论甚至可以说是中国封建社会开始发生动摇的信息。"[2]

---

[1] 吕振羽:《序言》,载《叶适集》,中华书局1961年版。
[2] 冯友兰:《绪论》,载《中国哲学史新编》第六册,人民出版社1988年版。

(二)叶适"崇义以养利,隆礼以致力"的思想

1. 义利之辩

叶适是事功学派的代表人物,义利观是其事功思想的核心部分。叶适早年在《水心别集》卷三里就提出了"崇义以养利,隆礼以致力"的观点。他吸收了儒家、墨家中关于义利的观点,综合了同时代人的思想,对义利关系作出明确判断,这一观点成为其功利思想的出发点和立足点,构成其整个哲学思想的精华部分。

叶适的义利观主要表现为:以利和义、崇义养利、成利致义、义利统一。"义"主要指人的行为如何在道德层面上满足人的需要,"利"主要指如何在物质层面上满足人的需要,当作为道德准则的"义"与作为物质基础的"利"发生矛盾冲突时,就产生了"义利之辩"这个命题。

叶适认为,义利关系有一个发展的过程,并不是自古已然:

> 天地之初,皆夷狄也,相攘相杀,以力自雄,盖其常势,虽炎黄之道以御之,不能止也。及尧禹以身为德,感而化物,远近坏变,功成治定,择贤退处,不为己有,而忠信礼让之俗成矣。夫先人后己,徙义远利,必处于心之自然而明于理之不悖。[①]

在叶适所设定的理想境界中,义利是统一的,叶适虽然重视利,但不赞同单纯求利,对见利忘义、唯利是图的小人行径持反对意见。他主张的是以推崇义来达到养利的目的,隆礼以实现致力的目的,即达到"义"和"利"的统一。首先,他认为单纯讲究道义,功利和道义会两失;其次,他认为利是义的基础,道义和功利是相互促进的,并不相互抵触。他在晚年更是提出了"成其利,致其义"的观点,这一说法点明:"利"的最终目的是获得"义","利"是达到"义"的途径。这是对义利关系的辩证表述。

[①] 叶适:《习学记言序目》,中华书局2009年版,第35页。

叶适提出"崇义以养利，隆礼以致力"，将"义"与"利"结合起来，用"义"的标准来约束和规范求利的行为，强调人通过劳动可以实现其所追求的"利"，养利要靠义，致力要靠礼，在以崇义为基础求利的行为中体现道义的准则，在达到"利"的结果中充实道义原则的合理性及价值意义，而用力则需要处处体现"礼"，不能以武力服人，而要以礼待人，以"礼"为达到"利"的手段。叶适认为，在蛮荒时代，人们以力争利，无谓礼义廉耻，后经尧舜等以身为德，对民众进行道德教化，民众受到感化，才使社会得到了治理。

2. 礼合义利

叶适认为，空言"义"或仅言"利"，都是害民的行为。他对董仲舒进行了严厉的批判，他说：

> "仁人正谊不谋利，明道不计功"，此语初看极好，细看全疏阔。古人以利与人而不自居其功，故道义光明。后世儒者行仲舒之论，既无功利，则道义者乃无用之虚语尔；然举者不能胜，行者不能至，而反以为垢于天下矣。①

排斥了功利，道义就成了"无用之虚语"，这是不符合圣人之道的。所以叶适提出"崇义以养利，隆礼以致力"，只有民众的生活水平提高了，社会的道德境界才能得到提升，而社会道德又为人们逐利的行为提供了标准、划定了界限，二者相生相携，推动国家进步。叶适既痛恨聚敛之小人，也反对那些空谈"仁义"、以"仁义"之名行危害之事的伪君子，主张实行真诚而不虚伪的道德。②

那么叶适是如何论证自己的义利统一论的呢？首先，叶适认为追求物

---

① 叶适：《习学记言序目》，中华书局2009年版，第23页。
② 参见张义德：《叶适评传》，南京大学出版社2008年版，第322页。

欲是人的自然境界，是人天生的本性，是道德的前提基础。他肯定了人最基本的物欲的正当性，如果"欲"被视为祸乱根源，那么一切善、美、贤、可贵的事物都被视为和"欲"相关，继而被抛弃，这将导致价值观的扭曲，所以，从后果来看，禁欲是不可取的，而且"欲"的存在具有客观性，他说："凡人心实而腹虚，骨弱而志强，其有欲于物者势也，能使反之，则其无欲于物者亦势也。"①也就是说，"欲"是自然存在的，情欲、物欲是自然之物，也是人的自然本性。这种本性人皆有之，即便是作为道德典范的尧、舜、禹、汤也概不例外。除非能够逆转人的属性，否则"欲"是不可革除的，禁欲是行不通的，但追求衣食的自然之欲应该受到道德的约束，要把功利和道义联系起来。

叶适主张对"欲"进行规范，因为"欲"不能无限膨胀，需要用"礼"来规范。所谓"礼"，指人在社会生活中形成的道德准则和行为规范。在叶适看来，"欲"是自然的，"礼"是人为的，既要承认"欲"是人的自然本性，也要发挥"礼"的规范作用，从而实现"欲"与"礼"的和谐统一。所以他特别强调要"隆礼以致力"。

在叶适的思想中，"礼"占据着非常重要的位置。叶适倡导事功期待"成圣"，就是以"复礼""隆礼"为前提的。叶适说："道德之于礼，譬人身之有耳目手足也，非是则无以为人。故孔子曰：'安上治民莫善于礼'；'道之以礼，有耻且格'。"②道义与"礼"、"崇义"与"隆礼"是互为一体、相辅相成的。犹如耳目手足的"礼"越兴隆，犹如身体的道义越光明，谋利计功者随之越能知守道义、遵循"礼"的规范，如此则可像上古"王公之子"那样"皆以礼义自安，虽贵而不为暴"③，持贵守礼，"见利思义"，事功而"不自居其功"，功利养就而道义光明。叶适认为"圣人知天下之

---

① 叶适：《习学记言序目》，中华书局2009年版，第15页。
② 叶适：《习学记言序目》，中华书局2009年版，第6页。
③ 叶适：《习学记言序目》，中华书局2009年版，第15页。

所欲而顺道节文之使至于治"①，也就是说，"圣人"对于人的情欲、物欲不是"抑情以徇伪"——以"礼"横加抑制，而是"顺道节文之使至于治"，即用"礼"加以调节，使之在社会活动中形成合乎群体价值取向的道德准则和行为规范。

由此，叶适用"礼"规范"欲"的主张，一方面可以把"欲"限制在"礼"的框架内，明确否定不符合"礼"的"欲"，从而避免"欲"导致消极的结果；另一方面肯定了符合"礼"的"欲"，从而将民众的符合"礼"的"欲"引导到劳动上。叶适说："天下之物，未有人不极其勤而可以致用者也。"人的"欲"可以通过劳动来实现，通过肯定符合"礼"的"欲"，可以释放民众的劳动热情，促进社会的积极发展，达到"顺道节文之使至于治"的目的。这一点，相较于朱熹刻意模糊"天理"和"人欲"的主张，显然是具有进步意义的。叶适通过批判禁欲主义，维护了"欲"的正当性，提出了"礼欲统一论"，为"义利统一论"奠定了基础。

3. 叶适思想的现代价值

叶适"崇义以养利，隆礼以致力"的思想既认可人性中的情欲、物欲，又肯定"礼"对情欲、物欲的调节作用——这是叶适对待人性的基本态度；既反对"抑情以徇伪"，又不赞同放任"情"的自由发展，而是主张以"礼"调节情欲、物欲，使之合乎以德性为内涵的"理"，做到"情"与"理"不相逾越、不出其位——这是叶适处理人性的基本策略。叶适期待"成圣"，但认为必须在社会活动中形成合乎群体价值取向的文化制度、道德准则和行为规范，也就是"礼"。他强调"学必始于复礼"，也强调治世当以"复礼"为先，所以其"成圣"自然以"复礼"为起始、以"隆礼"为主导。在宋儒心目中，尧、舜是高不可攀的圣人典范，但在叶适看来，只要"复礼""隆礼"，使人性中不合"礼"的东西"昼去之夜去之旦忘之夕忘之"，让人的视、听、言、动"皆一于礼"，做到"无往而不中礼"，

---

① 叶适：《习学记言序目》，中华书局 2009 年版，第 4 页。

"则病尽而材全",在德性上达到或超过尧、舜之圣并不是一件难事。叶适的思想为平民提升道德修养提供了一条行之有效的路径,对当代中国道德思想体系的建构亦有重要的借鉴意义。

三、王阳明:"礼法合治"

王阳明(1472—1529),字伯安,号阳明子,世称阳明先生,浙江余姚人,明朝著名政治家、思想家、军事家,他的心学思想被后世公认为浙学的主流思想。

(一)王阳明生平

王阳明出身世家,书法名家王羲之是他的祖先,因他的父亲王华喜爱绍兴的山水,举家离开余姚,移居绍兴。王阳明有着良好的家世,因此拥有非常优越的学习环境。王阳明父祖累世以礼名家,曾祖父王杰著有《周礼考证》一书,父亲王华则著有《礼经大义》。史载:"先生年十七,以三礼投试邑中。邑令……连三命题,其应益捷。"[1]

王阳明自幼"笃志二氏",偏好佛、道之学,深感只要心中有悟,"儒者为不足学"。他志存高远,心思不同凡俗,年轻时信奉程朱理学,著名的"守仁格竹"即发生在这一时期。他在自家院子里于寒风中静坐七天七夜,试图从竹子中"格"出万物和人生之"理"来,却不期得了一场伤寒病,也没有悟到关于竹子的道理,由此造成了他对朱熹之学的否定。王阳明28岁时考中进士,35岁时因得罪皇帝的大红人宦官刘瑾而被放逐至贵阳附近荒无人烟的龙场驿站,自己砍柴挑水,煮粥度日。龙场三年成为其学术生涯的转折点,此后他创立了独具特色的"王学"。几年后刘瑾被杀,王阳明一年内连升三级,后官至南京兵部尚书。纵观其一生,王阳明处在

---

[1] 王阳明:《王文成公全书》,中华书局2015年版,第595页。

宦官专权、皇权旁落导致"礼乐日废，刑罚日滥，民财日殚，军政日敝"的明朝中后期，为了在明哲保身的基础上实现自己的政治抱负，他把眼光投向基层社会，以期实现儒家"经世济民"的社会理想，其"礼法合治"思想因适用于平民阶层而具有强大的生命力并得以迅速传播。

王阳明虽和朱熹一样主张"存天理，灭人欲"，但走的路线正好相反。他认为，朱熹把心与理分开，导致知行分离；而即物穷理之说，只能约束外部行为，不能产生内在的自觉，修养方法又太烦琐。王阳明受佛学尤其是禅学的影响较大，提出"心即理"的观点，进而阐明了"致良知"的心学理论，认为求知明理的方法当是面向自我的内心，发扬自己本心的良知，将之推广到身外的万事万物上面。王阳明"礼法合治"的礼学思想即建立在其心学哲学体系之上，并贯穿渗透于治理理论和治理实践之中。

（二）王阳明"礼法合治"的思想

在儒家思想中，"礼"与"法"一直被视为治国平天下的两套相辅相成的措施。"礼"代表的是以仁义教化为基础的道德规范，"法"代表的是以处罚惩治为手段的强制性规范。战国时期荀子的礼法一体论奠定了封建社会身份治理的等级基础；引礼入律的礼法互补论在秦汉之际推动礼法关系由对立走向融合；隋唐之际以礼治为主、法治为辅的礼本法用论标志着中华法系的确立；宋朝以朱熹为代表的理学家以"理"释"礼"，将"礼法合治"思想外化为德、礼、政、刑的具体表现形式。"礼法合治"思想强调"礼"指导"法"、"法"辅助"礼"的主次关系。王阳明作为当时中国儒家思想的集大成者，在前人思想的基础上，对"礼法合治"思想作了进一步的创新与发展。王阳明认为："自汉、唐以来千几百年，土地人民未之或改，所以长久若此者，以能世守天子礼法，竭忠尽力，不敢分寸有

第二章　礼法合治：浙江文脉中"礼"的思想资源

所违，是故天子亦不得逾礼法。"[1] 因而人人都应遵循"礼"。比如，王阳明在教导儿童向善时亦指出，"今教童子，惟当以孝弟忠信礼义廉耻为专务。其栽培涵养之方……导之习礼以肃其威仪，讽之读书以开其知觉"[2]。王阳明"礼法合治"的思想继承了前人礼本法用的治理理念和德主刑辅的治理策略，并批判了传统礼治追求伦理纲常的外在标准而陷入流于形式的困境，以经世致用的理念探索理论与实践的有效结合。

1. 礼即是理

王阳明作为一代鸿儒，以"礼"作为儒学生命之依托，认为"礼"是制度之经、教化之本。《传习录》中大量包含"礼"的思想。王阳明认为："'礼'字即是'理'字……'约礼'只是要此心纯是一个天理……'约礼'即是'惟一'。"[3] 他把"礼"等同于内在本心之天理，不同的是，"礼"可以被看到，而"理"则不能被看到。"约礼"就是以礼的精神约束人的思想，保持心体纯粹澄明的状态，实现礼治与天理良知的统一。"凡习礼，须要澄心肃虑，审其仪节，度其容止……久则礼貌习熟，德性坚定矣。"[4] 因此，王阳明的礼治思想是以良知学说对传统儒学进行的心学改造。

"破山中贼易，破心中贼难"的著名论断，意在强调破山中贼可依靠刑罚的威慑，破心中贼则要依靠德礼的教化。王阳明借助良知说以"心治"来阐述"礼治"。其一，他把"礼"外化为良知的具体表现形式。"仁义礼智也是表德。""心之发也，遇父便谓之孝，遇君便谓之忠。"[5] 王阳明认为，仁义礼智是心性遇到外物的具体表现形式，表现在父母身上是孝，表现在君主身上是忠。无论是婚丧嫁娶的礼仪秩序，还是忠孝仁义的礼义道德，

---

[1] 王雁南主编：《王阳明在黔诗文注释》，朱五义注，冯楠校，贵州教育出版社1996年版，第117页。
[2] 王阳明：《传习录》，中国华侨出版社2013年版，第230页。
[3] 王阳明：《传习录》，中国华侨出版社2013年版，第17页。
[4] 王阳明：《传习录》，中国华侨出版社2013年版，第239页。
[5] 王阳明：《传习录》，中国华侨出版社2013年版，第44页。

都是本心向外推演的结果，故"致良知"在生活中的具体表现就是守礼，当本心的良知在外化的过程中受到世俗的蒙蔽时，礼治可以通过文饰的作用来矫正本心。其二，他把"礼"内化为良知的本质特征，特别注重礼治精神而非拘泥于礼治的形式。

2. 以法促礼

王阳明也十分强调法律在社会治理中的威慑作用，注重严明赏罚，行法以振威，以赏所具有的利益来激励民众，以罚所引发的恐惧来威慑民众，以惩恶扬善的方式进行统治管理。"赏罚，国之大典。""法令不明，赏罚不信，虽有百万，何宜有用！"[1] 故而，他提出破山中贼可用刑罚来应付，破心中贼则要靠德教来剔除人的私欲。作为礼治的补充手段，法治成为王阳明在治理社会过程中采取的次要方式。

第一，赏罚必须适当。王阳明认为，刑罚过轻或过重都达不到预期的效果。统治者应根据功劳大小和情节轻重进行合理奖惩。王阳明认为，情法兼容的赏罚是合理的，民众容易信服。

第二，赏罚必须严明公正。一方面，赏罚应该严明。"古之人君执其赏罚，坚如金石，信如四时，是以令之所播如轰霆，兵之所加无坚敌，而功之所成无愆期。"[2] 赏罚分明的律令能够使军队获得无坚不摧的战斗力。另一方面，赏罚应该公正，"人存政举，使奉行不至，则革弊之法，反为流弊之源"[3]。如果执法者出了问题，那么革除弊病的法律就会成为社会流弊的根源。人存则政举，人亡则政息。

第三，赏罚必须及时。"赏不逾时，罚不后事"是古人论及奖惩时效的原则。就军队而言，"罚典止行于参提之后，而不行于临阵封敌之时，赏格止行于大军征剿之日，而不行于寻常用兵之际"[4]。概言之，王阳明吸

---

[1] 王阳明：《王阳明全集》，线装书局2012年版，第49页。
[2] 王阳明：《王阳明全集》，线装书局2012年版，第125页。
[3] 王阳明：《王阳明全集》，线装书局2012年版，第245页。
[4] 王阳明：《王阳明全集》，线装书局2012年版，第47页。

纳了法家赏罚必信的观点，并在此基础上发展出了情法交融的赏罚观。

3. 德主刑辅

王阳明以知行观为基础，将"礼法合治"思想落归于具体的治理策略和社会实践之中。王阳明认为"刑"能威慑人心。以礼义进行教化与以法规为依据奖惩共同组成了德主刑辅的两大要素。良好的法治有助于礼治的实施，在礼治失去效用的时候，应该注重借助法治的力量来作为补充。

首先，以知行观为基础，王阳明在法律执行层面提出应该遵循的实践原则。一方面，公正执法需要遵循良知。

> 问一词讼，不可因其应对无状起个怒心；不可因他言语圆转生个喜心；不可恶其嘱托，加意治之；不可因其请求，屈意从之；不可因自己事务烦冗，随意苟且断之；不可因旁人谮毁罗织，随人意思处之。这许多意思皆私，只尔自知。须精细省察克治。①

王阳明认为，在断案的过程中，不能因为对方言辞婉转或言行失礼而有喜怒之情，不能因为讨厌或同情对方而存心整治或宽容他，不能因为自己事务繁杂或听凭别人的诽谤而随意断案。这些情况都属于私心杂念。去除私欲，追随心中如明镜般的良知去体认，是非真相自然显现，法律自能公正执行。只有顺从良知，才能使事情各得其道，案件自然会得到公正的处理。另一方面，法行令从需要知行合一。为了使法律法令在社会生活中得到切实的贯彻，王阳明主张政出一门。他说："天下之事成于责任之专一，而败于职守之分挠。"②有鉴于此，他认为赏善罚恶等执法行为必须由专人负责，避免政出多门。一旦部门间的权力出现交叉现象，就会导致制度规范无法统一，甚至出现赏罚标准互相矛盾，使得人们无法遵循而出现

---

① 王阳明：《传习录》，中国华侨出版社2013年版，第250页。
② 王阳明：《王阳明全集》，线装书局2012年版，第103页。

有法不行、有令不从的局面。王阳明的"礼法合治"思想以知行观为基础,具有解决社会问题的经世致用之功效。王阳明以知行观架起了礼治与法治有效结合的桥梁,同时也避免了礼治思想流于形式。王阳明的"礼法合治"思想对解决社会现实问题、维护社会秩序、击中社会时弊、为时代把脉起到了积极的作用,最终要达成以天地万物为一体之仁的目标。

其次,王阳明的"礼法合治"思想在心学良知体系的基础上强调礼先法随的价值序列。"敦教化而薄威刑"是王阳明在社会治理活动中一直遵循的基本原则。王阳明将"礼法合治"外化而成的德主刑辅策略放回到政治实践之中。"夫仁慈以惠良善,刑罚以锄凶暴,故亦为政之大端。"[1] 王阳明主张:德礼为治国之本,刑罚为治国之末。一方面,他认为良好的法治有助于礼治的实施,"夫赏刑之用当,而后善有所劝,恶有所惩,劝惩之道明,而后政得其安"[2]。在他看来,统治者如果善用赏罚的手段,就可以勉励那些有善性的人,防止那些有恶性的人做坏事,有助于社会治理。如果善无赏、恶无罚,纪律不能申明,法律无威慑,礼治亦无法实施。另一方面,他认为在礼治失去效用之时,可以运用法治来作为补充。他强调天下无不可化之人,只要统治者认真以礼推行教化,就可以"变盗贼强梁之区为礼义冠裳之地"[3]。同时,礼治教化应以刑罚作为保障,"推选父老子弟知礼法者晓谕教饬,令各革心向化……仍旧待以良善,若过限不改,不必再加隐忍姑息"[4],"子弟群小中或有不遵教诲,出外生事为非者,父老头目即与执送官府,明正典刑"[5]。这种先礼后法、软硬兼施的治理方式,既可得民心,又能树权威。所以,王阳明的基本治理理念是"当抚则抚,当剿则剿",坚持抚剿结合、德刑并重、礼法合治。

---

[1] 王阳明:《王阳明全集》,线装书局 2012 年版,第 338 页。
[2] 王阳明:《王阳明全集》,线装书局 2012 年版,第 369 页。
[3] 王阳明:《王阳明全集》,线装书局 2012 年版,第 90 页。
[4] 王阳明:《王阳明全集》,线装书局 2012 年版,第 335 页。
[5] 王阳明:《王阳明全集》,线装书局 2012 年版,第 268 页。

王阳明从心学的角度出发论述礼法合治的治理模式，并以具体的实践活动来阐述"礼法合治"思想的具体运用，弥补了朱熹只从应然层面阐述"礼法合治"内涵的不足之处。

（三）王阳明"礼法合治"思想的现代价值

王阳明"礼法合治"思想延续了隋唐之际的礼本法用论，他主张在礼为本、法为用的基础上，将"礼法合治"外化为德刑并用与抚剿结合的具体治理策略，并能够因时因地因情，关注人们的内心需求，强调"因时致治"[①]，使得"礼法合治"思想具有进一步向前发展的可能性与生命力，促进了"礼法合治"思想在理论层面和实践层面的日趋完善。不同于朱熹以维护三纲五常等外在纲常名教为核心的天理来解决社会困境，王阳明选择以良知来解决人心与社会的冲突，向内寻找每个人的本心，冲破从古圣先贤的经典文本以及名家名人的道德说教中进行德礼之治的历史传统，力求将每个人本心的良知显现出来，以实现统治者仁民爱物、被统治者守礼守法的和谐社会景象。

2014年10月13日，习近平总书记在主持中共中央政治局第十八次集体学习时指出，中国的社会治理应合理汲取中国传统文化中"礼法合治，德主刑辅"的思想理念。他强调，"中国的今天是从中国的昨天和前天发展而来的，要治理好今天的中国，需要对我国历史和传统文化有深入了解，也需要对我国古代治国理政的探索和智慧进行积极总结"[②]。

四、黄宗羲："治之以本，使小民吉凶一循于礼"

黄宗羲（1610—1695），浙江余姚人，字太冲，号南雷，别号梨洲，

[①] 王阳明：《传习录》，中国华侨出版社2013年版，第25页。
[②] 习近平：《牢记历史经验历史教训历史警示 为国家治理能力现代化提供有益借鉴》，《人民日报》2014年10月14日第1版。

被后人称为"梨洲先生",与顾炎武、王夫之并称明末清初三大思想家,素有"中国思想启蒙之父"之称,其所开创的浙东史学派是浙学支脉中最耀眼的学派之一。

(一)黄宗羲生平

黄宗羲一生大部分时间在余姚度过,早年师从刘宗周,面对清军的入关,他从未屈服,奋力反抗,面对空疏的学风,他潜心钻研,奋笔疾书。晚年,黄宗羲痛定思痛,总结前人教训,借鉴历史,反思流传了几百年的理学思想,从"气"到"理",到"心"到"性",再到"工夫本体"与"知行合一",将心性修养与外在事功有机结合起来,构建起"实学"思想体系,既纠正了当时阳明后学的流弊,又引领了明末清初"实学"风潮。在政治实践方面,黄宗羲对封建君主制进行了猛烈的抨击,撰写了振聋发聩的《明夷待访录》。他后半生不问世事,潜心著述,一生著作有60多种,共1300多卷,涉及诗文、历史、哲学、政治、天文、易学、历学等多个领域,古今中外三教九流,各类学问无不精通,堪称"通才"。其著作中最著名的是阐述其政治思想的《明夷待访录》和系统记录明代思想史的巨作《明儒学案》。在完成《明儒学案》以后,黄宗羲又着手编纂《宋元学案》,但未完成便离世,《宋元学案》由后学全祖望续编而成,计100卷。黄宗羲于前代而言,为宋明理学最后一位大家;于后世来说,对清代学术有深远影响,更是浙东史学之开创者。

(二)黄宗羲"治之以本,使小民吉凶一循于礼"的礼治思想

生活于明末清初的黄宗羲目睹明王朝的覆灭,从万民而不是君主一姓的角度出发,对王学空谈心性进行了批判,致力于经世致用的学问之发明,同时又主张事功应由道义指引,从而将中国古代关于道义与事功关系的理论发展到一个新的高度。

第二章　礼法合治：浙江文脉中"礼"的思想资源

1. 有治法而后有治人

在《明夷待访录》中，黄宗羲表现出对人自私自利之自然天性的高度关怀：

> 有生之初，人各自私也，人各自利也，天下有公利而莫或兴之，有公害而莫或除之。有人者出，不以一己之利为利，而使天下受其利，不以一己之害为害，而使天下释其害……后之为人君者不然，以为天下利害之权皆出于我，我以天下之利尽归于己，以天下之害尽归于人，亦无不可；使天下之人不敢自私，不敢自利，以我之大私为天下之大公……然则，为天下之大害者，君而已矣。向使无君，人各得自私也，人各得自利也。呜呼，岂设君之道固如是乎。[①]

黄宗羲认为，在人类社会诞生之初，自私自利本就是人的自然天性，而设君建政之目的就在于为天下提供公共福利，起码也应是使天下人各全私利、各遂天性，即天下人"各得自私""各得自利"，但这种私利关怀只在"天下为公"的合道德性结果中得以落实。

黄宗羲特别重视法治在国家治理中的重要性，将法治的地位提到人治之上，旗帜鲜明地向儒家以德治国的理念发起挑战，明确提出"有治法而后有治人"的重法观点，但在法政制度与道德观念之关系上，他有一些超越法律而以道德偏好压制私利的政策主张，如主张将端正礼俗、振作教化与使人民富裕结合起来，其措施中就包括对市场交易行为进行道德规范。他认为：

> 治天下者既轻其赋敛矣，而民间之习俗未去，蛊惑不除，奢侈不

[①] 黄宗羲：《明夷待访录》，《黄宗羲全集》第一册，浙江古籍出版社2012年版，第2—3页。

革,则民仍不可使富也。何谓习俗?吉凶之礼既亡,则以其相沿者为礼……何谓蛊惑?佛也,巫也……何谓奢侈?其甚者,倡优也,酒肆也,机坊也……故治之以本,使小民吉凶一循于礼,投巫驱佛,吾所谓学校之教明而后可也。治之以末,倡优有禁,酒食有禁,除布帛外皆有禁。今夫通都之市肆,十室而九,有为佛而货者,有为巫而货者,有为倡优而货者,有为奇技淫巧而货者,皆不切于民用,一概痛绝之,亦庶乎救弊之一端也。[1]

黄宗羲继承了荀子"隆礼重法"的思想,主张将儒家的道德理想建制化,即通过"隆礼重法"将仁义礼智之道德精神灌注于国家礼法制度之中,从而实现以道德支配政治、以政治执行道德,即所谓"圣人化性而起伪,伪起而生礼义,礼义生而制法度"的目的。对于不符合儒家道德标准的市场行为和宗教活动,黄宗羲不仅要"投巫驱佛",而且要"一概痛绝之"。黄宗羲认为,圣人所谓"崇本息末",是崇尚礼治而禁绝巫蛊、佛事、倡优、奇技淫巧之类不切民用的末业,并非贬抑工商之类有利民生的本业。这样的主张反映了一种以道德干预政治、对经济进行控制的思想,表明黄宗羲的研究实际上触及了民智与富民的关系,其本质是肯定了文化建设对经济发展的推动意义。

2. 以虚实论仁义,以庠序改风气

黄宗羲秉承使一体之仁落到实处的仁学思想之宗旨,践行了"以虚实论仁义"的事功精神。为突出使仁义落到实处的重要性,黄宗羲提出以虚实论仁的主张,他认为:"仁、义、礼、智、乐俱是虚名……仁无迹象可言。孟子于无迹象之中指出迹象,人人可以认取……盖仁义是虚,事亲从兄是实,仁义不可见,事亲从兄始可见。孟子言此,则仁义始有着落,不坠于

---

[1] 黄宗羲:《明夷待访录》,载《黄宗羲全集》第一册,浙江古籍出版社2012年版,第41页。

恍惚想像耳。"① 黄宗羲以虚实论仁义，根本意图就在于使仁义落到实处，他使仁义成为明末清初之际儒学关注的中心议题之一，并在道德实践领域进行了长期的探索。黄宗羲不仅是明末清初杰出的政治家，也是一位出色的教育家，他尤其重视学校教育，认为学校的盛衰关系着社会乃至国家的盛衰。黄宗羲认为，学校的作用不仅是培养人才、促进社会进步，而且应该是一个舆论机构，使文人学士们在学习的同时加强对国家时事、政策得失的关注，并承担起改善社会风气和推进文明进程的义务。黄宗羲在《明夷待访录·学校》中强调："学校所以养士也，然古之圣王，其意不仅如此，必使治天下之具皆出于学校，而后学校之意始备。"② 在当时封建皇权不断加强的背景下，黄宗羲赋予学校新的政治职能，主张通过学校参与国家政事，通过学校逐渐改善社会风气与民众观念。黄宗羲认为，当世儒生不进行详细考察，把工商当作末业，妄发异议，试图抑制它，而手工业本来就是圣贤明君所赞成的，商业又使手工业得以繁盛，所以工商都是本业。学校教育能够使"朝庭上下，间阎之细，渐摩濡染，莫不有诗书宽大之气"③，让学校具有如近代议会一般的职能，使得执政者、管理者全部处在社会民众的监督之下，学校通过舆论成为万千民众的代表，最终改变社会的禁锢氛围。

（三）黄宗羲礼治思想的现代价值

2006年3月28日，时任中共浙江省委书记的习近平同志在致黄宗羲民本思想国际学术研讨会的贺信中指出："黄宗羲是我国明清之际杰出的思

---

① 黄宗羲：《明夷待访录》，载《黄宗羲全集》第一册，浙江古籍出版社2012年版，第101页。

② 黄宗羲：《明夷待访录》，载《黄宗羲全集》第一册，浙江古籍出版社2012年版，第37页。

③ 黄宗羲：《明夷待访录》，载《黄宗羲全集》第一册，浙江古籍出版社2012年版，第37页。

想家、史学家、文学家和教育家,是浙江历史上的文化伟人。他所具有的民主启蒙性质的民本思想,在中国思想文化史上产生了很大影响。"

黄宗羲的"实学"思想既讲求心性的修养,又提倡将心性的修养外发用于事功,是真正意义上的经世致用之学。其"有治法而后有治人"的重法思想得到了浙江籍弟子们的继承和发扬,将礼治、法治的观念注入浙江人的血脉,形成了今天浙江人重视法律、尊崇礼仪、注重实干的性格,于当今社会有着重要的参考价值。

黄宗羲思想中一个非常突出的特色是他的批判求实精神及力主改革的理论勇气,这体现了中国传统知识分子"士志于道""天下兴亡,匹夫有责"的人文精神和历史使命感,也激励着我们今天坚持改革的决心和发扬理论创新的勇气。尤其是作为有社会良知的现代知识分子,更有必要学习和发扬黄宗羲的批判精神,为中国的现代化建设贡献智慧。

3

第三章

崇礼守信：
浙江历史中『礼』的文化基因

浙江有礼——共同富裕社会的"文明密码"

中华传统文化传承数千年，积累了无与伦比的深厚魅力。中华民族自古重礼仪，素有"礼仪之邦"的美称。《礼记·乐记》中说："乐者，天地之和也；礼者，天地之序也。和故百物皆化，序故群物皆别。"礼是秩序，所以"大乐与天地同和，大礼与天地同节"。礼在思想上，在文字中，在语言里，亦是习俗和文化。

一、浙江家风家训中的"礼"

家风是在漫长的历史中将先人的处世智慧、经验积淀形成的家族、家庭的风气和风尚，而家训则是传承家风的语言文字载体和具象化的体现。家风家训秉持"礼"的基本精神，同时又因时因地体现着各自不同的特点，是"礼"在"家"这个中国传统社会基本单元中的创造性生发。中国的家风家训文化源远流长，自历史上有记载的第一部家训——南北朝时期颜之推《颜氏家训》问世以来，历朝历代都出现了诸多家训名作，如唐代李世民的《帝范》、吴越国钱镠的《武肃王八训》(《钱氏家训》的基础)、北宋司马光的《家范》、南宋袁采的《袁氏世范》、元代郑太和的《郑氏规范》等，都作为家训的范本广为流传。这些家训著作始终贯穿着道德至上、教化为先的思想，并依循中国儒家传统"修身—齐家—治国—平天下"的实践进路,对家族成员进行身心塑造。

浙江家风家训既有中国传统家风家训的基本特征,同时又具有其独特的时代、地域特征:浙江家风家训在深受儒家传统思想浸润影响的同时,又受到包括浙东学派、西学思想的熏陶,同时在与浙商文化双向互动影响的过程中逐渐形成了鲜明的浙江特色。

(一)浙江家风家训的历史脉络

浙江的历史源远流长,大约5万年前的"建德人"、距今7000多年的河姆渡文化、距今6000多年的马家浜文化,以及距今5000多年的良渚文化,揭开了浙江文明的序幕。春秋末期吴、越相继逐鹿中原,促进了包括浙江在内的江南地区与中原文明的交流;东晋衣冠南渡,除了为江南地区带来魏晋风流之外,许多中原大族亦在此落地生根,礼乐文明随之南下,江南文风一时鼎盛。从五代十国时期的吴越国到南宋,中国经济中心南移的同时,江南地区的文化也在之后千年保持长足稳定的发展,浙江的家风家训成为中华礼乐文明的重要组成部分。"传统中国人的家风家训,被纳入到传统道德的谱系当中。这'道德的谱系',具象化为家谱。现存家谱无确切数字可考,藏于国内外图书馆的估计在万种以上。南方所存家谱数目以江苏、浙江为典型,约占现存谱数的一半多。我们整理的浙江家谱总目提要,总计1万多条。每部家谱大体多由族姓源流、移住始末、朝廷恩荣、祠宇、家墓、官爵、祀田等几方面组成。"[①]

纵观历史上留存下来的浙江家训,根据家族属性的特点,可以分为三类:一是世家大族的家训,如吴越钱王家族的《钱氏家训》、孔氏南宗的《孔氏家训》;二是耕读传家的书香门第的家训,这些家族中大多出现传世文化大家,如南宋浙东学派代表人物叶适家族的《叶氏家训》、明朝理学

---

① 陈寿灿、于希勇:《浙江家风家训的历史传承与时代价值》,《道德与文明》2015年第4期。

家刘宗周所编《水澄刘氏宗谱》内的家训、清代经学大师俞樾家族德清俞氏的《俞氏家训》、现代教育家蒋梦麟家族余姚兰风蒋氏的《蒋氏家训》；三是普通家族、家庭之家训，以浦江郑义门的《郑氏家训》为代表。

就内容而言，普遍意义上的家训着眼于家族的继承、延续和家风的发扬——以条分缕析之行为规范的形式发扬儒家传统孝道。《孝经·广扬名》曰："君子之事亲孝，故忠可移于君。事兄悌，故顺可移于长。居家理，故治可移于官。是以行成于内，而名立于后世矣。"一言以蔽之，"孝"的最高境界是通过自身的努力，光耀门楣，通过奉献国家，使家族不但能够长久延续，而且万古留名。

历史上，浙江大地上涌现出了众多名垂青史的杰出人物，如两宋之交在抗金斗争中力挽天倾的义乌籍的宗泽，拯国家社稷于危难、"要留清白在人间"的杭州籍的于谦，与郑成功齐名的抗清义士、宁波籍的张煌言。他们都是中国传统文化中忠臣孝子的典型代表。但是，浙江人不仅保有这样的英雄豪迈之气，从家训的字里行间中，我们也能够读出浙江人浓浓的烟火气。如吴越国王钱镠告诫子孙要爱民、惜民："凡此一丝一粒，皆民人汗渍辛勤，才得岁岁丰盈。汝等莫爱财无厌征收，毋图安乐逸豫，毋恃势力而作威，毋得罪于群臣百姓。"（《武肃王遗训》）"莫欺孤幼，莫损平民。"（《武肃王八训》）浙江常山袁氏之《袁氏世范》中记录了非常多琐碎却又与日常生活息息相关之事，如防火："蚕家屋宇低隘，于炙簇之际，不可不防火。农家储积粪壤，多为茅屋，或投死灰于其间，须防内有余烬未灭，能致火烛。"如保护幼童："小儿不可戴金宝""小儿不可独游街市""小儿不可临深"。

这些家训呈现出对日常生活以及世俗生活的高度重视，与唐宋尤其是南宋以来在浙江兴盛的事功学派不无关系。两宋是继春秋战国之后中国又一个思想文化发展的巅峰时期，具体表现为儒家各派的发展和相互争鸣。最有代表性的三派就是以朱熹为代表的理学，以陆象山、王阳明为代表的心学，以及以陈亮、叶适为代表的事功学派。其中事功学派尤其紧贴社会发展脉络，具有鲜明的时代特色。事功学派主张义利并举，反对以往儒学舍功利而言道义的思想，认为空谈道义只会误国误民。关于本末关系，叶适认为，"夫四民交致其用而后治化兴，抑末厚本，非正论也"①。这是重本抑末思想提出1000多年以来第一次被有影响力的思想家反驳，是事功学派看到工商业不可替代的社会功能而对其予以的肯定。从中我们也可以看出，随着商品经济和对外贸易的发展，将商业视为末事的传统思想也有所改变，商人的社会地位随之提高，在社会政治、经济生活中扮演了重要的角色。另外，陆王心学亦是浙学一大流派，以陆象山、王阳明、王畿为代表的思想家们非常关注日常人伦，充分发扬孟子"人皆可以为尧舜"的思想，将儒家思想引入百姓的寻常生活。

接下来以《袁氏世范》《郑氏规范》《了凡四训》为例，探讨浙江家风家训礼俗结合、经世致用的特点。

（二）礼俗结合，经世致用——以《袁氏世范》《郑氏规范》《了凡四训》为例

1.《袁氏世范》：礼俗合一，士庶不二

《袁氏世范》的作者袁采（？—1195），字君载，衢州信安（今浙江常山）人，南宋隆兴元年（1163年）进士，官至监登闻检院。袁采为人廉明刚直，担任县官期间，坚持"为官一任，造福一方"，克己奉公，留心吏治，力改弊政，减税安民，政声颇佳，当地百姓无不称善，社会风尚为之一清。袁采的拳拳爱民之举，赢得了百姓发自内心的爱戴和拥护，因此，袁采任职过的每个地方都会将他列入当地名宦祠，定期奉祀祭拜。

袁采生活于南宋。南宋从建立到灭亡的150年间，一直面临北方政权的军事威胁，军队日常和战时开销使得国家财政极度吃紧。但在这内外交困之际，南宋的经济与文化发展仍然取得了令人瞩目的成绩。

---

① 叶适：《习学记言序目》，中华书局1977年版，第328页。

《袁氏世范》共三卷。第一卷《睦亲》，主要讲述家庭和睦的道理和方法；第二卷《处己》，主要讲述个人修养、为人处世之道；第三卷《治家》，主要讲述持家兴业之道。第一卷《睦亲》共60则，袁采从人的不同性情及思考方式入手，深入分析造成家庭失和的原因，具体谈论了父子、兄弟、夫妇、子侄、妯娌等家庭成员之间的关系处理问题，详细分析了家人不和的原因，阐明了家族成员和睦相处的各种准则。第二卷《处己》共55则，袁采阐述了立身处世的方法，在提升自身修养方面向世人提出了很多忠告，具体谈及立身处世、言行举止、交友之道等内容。第三卷《治家》共70则，除了具体的家庭管理的内容之外，也涉及许多治家经验，从宅基选择、房屋起造、高厚墙垣、周密藩篱、防火防盗、纳税应捐、厚待佃户、借贷粮谷、分明地界、签订契约、修桥补路、种植桑果、饲养禽畜等方面阐述，范围非常广泛，要求极其具体。

《袁氏世范》有三方面特色。

第一，条分缕析，细致入微。《袁氏世范》全部185则，涵盖了家庭生活和为人处世的各个方面，且详尽具体，在居家生活、待人接物等各方面为读者提供了极具实用性和操作性的指导。比如《治家》中强调，小孩子不可以独自外出以免被拐骗、小孩子不能穿金戴银以免遭贼人毒手，《处己》中强调男子不可以沉迷于酒色以致家业败坏、交朋友应该有所选择以免被小人所累，这些论述的都是百姓生活中的常事，而《袁氏世范》将之条分缕析，在今天仍有借鉴意义，可见作者用心之深。

第二，雅俗共赏，通俗易懂。《四库全书提要》认为此书"词句不免鄙浅，然大要明白切要，使贤者易知易从"[①]。全书文字通俗易懂、朴实无华，没有什么深奥的道理，多是日常生活经验的总结。为达到训俗的效果，

---

① 袁采：《丛书集成新编·第33卷·袁氏世范》，台湾新文丰出版公司1985年版，第143页。

第三章 崇礼守信：浙江历史中"礼"的文化基因

作者大量引用了俗语，如"不孝怨父母，欠债怨财主"[①]、"莫言家未成，成家子未生；莫言家未破，破家子未大"[②]。除了引用俗语之外，书中还多引用古代圣贤之言，如《人宜忠信笃敬》中引用孔子的"言忠信，行笃敬"[③]，《严内外之限》中引用司马光《居家杂仪》中的"令仆子非有警急修葺，不得入中门；妇女婢妾无故不得出中门"[④]，使论述更有说服力。

第三，立足实际，不重说教。中国传统社会受儒家思想影响深刻，儒家思想提倡重义轻利，但是在《袁氏世范》中我们很容易发现袁采对利益、财产的重视，比如，他认为兄弟不和的最大原因就是财产分配不公，只有把财产分配的问题解决好，才能够避免兄弟失和、家庭矛盾激化。这种观点不是空洞的说教，而是基于现实情况的反思，在书中有很多体现。比如《小人作恶无须谏》认为，小人虽有可恨之处，但他们往往为生计所迫，也有可怜之处，不宜对其过度为难。[⑤]这些观点虽有值得商榷之处，却都是根据实际经验总结出的生活智慧，不乏闪光之点。

总之，《袁氏世范》体现了袁采教化民众的立意，将礼仪规范与日常生活有机结合起来，让"礼"深入平民的生活，不再是高高在上的士大夫的特权，衣食住行皆是"礼"，"世范"之称，可谓名副其实。

2.《郑氏规范》：经世致用，明道躬行

"江南第一家"位于浙江省浦江县郑宅镇，其地旧称郑义门，郑氏十

[①] 袁采：《丛书集成新编·第33卷·袁氏世范》，台湾新文丰出版公司1985年版，第151页。

[②] 袁采：《丛书集成新编·第33卷·袁氏世范》，台湾新文丰出版公司1985年版，第149页。

[③] 袁采：《丛书集成新编·第33卷·袁氏世范》，台湾新文丰出版公司1985年版，第151页。

[④] 袁采：《丛书集成新编·第33卷·袁氏世范》，台湾新文丰出版公司1985年版，第156页。

[⑤] 参见袁采：《丛书集成新编·第33卷·袁氏世范》，台湾新文丰出版公司1985年版，第153页。

余世同居，共财共食，家族人口 3000 余人，历宋、元、明三朝，绵延 330 余年，乃中国家族史上一大奇迹。

《郑氏规范》是浦江郑氏的传世家训，"始规作于元初，为五十八则，今不可见，明代陶宗仪《辍耕录》卷七十一所录四十八则，殆节于始规者。元季增为九十二则，此本也未见。明初再订，共一百六十九则（宋濂《庭义编引》称一百六十八则。宗谱《谱例》称一百六十九则，查今本亦如数），辑入郑氏《旌义编》。有多种版本"[①]。

"修身，齐家，治国，平天下"是中国传统儒家追求的个人修养与社会理想统一的行为路径，家与国从来都不是割裂的。这一点在《郑氏规范》中尤为明显："《郑氏规范》是郑氏一家之家规，但在封建社会中，一些贤士夫，几乎异口同声地称赞说：'岂唯一家之规，行之天下可也。'又如明蜀王看了《郑氏礼仪图》所说的：'岂特郑氏一家可行，我国家之亦宜。'这表明它的价值在封建社会曾经十分引人注目。"[②]

《郑氏规范》有两方面特色。

第一，深入浅出，化礼入行。道德教化与礼仪规范是培养人的内在人格与修养不可或缺的两条路径。在内容上，《郑氏规范》包括神主、家长、掌事、仪礼、仕规、睦邻、长幼、修身、俭规、妇规等部分，涵盖了人的衣食住行，且并不局限于郑氏子弟在家门内的行为，就此而言，《郑氏规范》既是训辞，又是法规，一个明显的例证是，如若犯规，即如触犯朝廷律条，要受到道德的谴责和人身的处罚。

第二，赅博巨制，齐家治国。《郑氏规范》并不仅仅适用于一家之内，正如上文所引明蜀王所言，《郑氏规范》中的条目可以直接用于教育百姓、治理国家，甚至可以为天下仪礼所借鉴。"比如从社会学角度看，有尊老优老问题，有青少年抚养教育问题，成人教育问题，妇女问题，生育问题，

[①] 张文德：《江南第一家》，浙江古籍出版社 1996 年版，第 25 页。
[②] 张文德：《江南第一家》，浙江古籍出版社 1996 年版，第 104 页。

社会福利问题，优抚问题；从经济学角度看，涉及财产所有制问题，财产占有与分配，财产占有与人群关系，财产占有与道德等一系列问题；此外，尚有家庭封建宗法制与民主管理问题，家庭管理机制问题，等等。"①

《郑氏规范》实践效果最直接的证据就是，宋、元、明三代，浦江郑氏入仕达173人，无一人贪腐。为官人数可以证明郑氏人才济济，无一人贪腐可以证明郑氏子弟德才兼备。浦江郑氏能取得这样耀眼的成就，《郑氏规范》功不可没。

3.《了凡四训》：德福双修，以人为本

《了凡四训》的作者袁黄（1533—1606），初名表，后改名黄，字庆远，又字坤仪、仪甫，初号学海，后改了凡，世称"了凡先生"。袁家世居嘉善陶庄（今浙江嘉善）。袁黄于万历十四年（1586年）中进士，两年后授宝坻知县，后擢升兵部职方司主事，曾参与援朝战争，有谋划之功。

明代中叶，江南地区在传统农业、新兴商业及对外贸易上都取得了骄人的成绩。在经济快速发展与财富不断增加的同时，也出现了不少问题。一是奢靡之风盛行，奢靡之风的倡导者主要是受益于商业经济发展的富商巨贾、缙绅之家和普通中产家庭。二是社会中下阶层当中弥漫着许多不正之风，制假售劣、市井骗局、赌博等十分严重。社会风气亟须扶正，家风建设对于这项艰巨的任务显得尤为重要。

《了凡四训》是袁黄所作的家训，以他自己改造命运的经验现身说法，教育他的儿子袁天启认识命运的真相、明辨善恶的标准、改过迁善的方法，以及行善积德等的效验。《了凡四训》全篇一万余字，分为《立命之学》《改过之法》《积善之方》《谦德之效》四个部分。

《了凡四训》最大的特点就是带有明显的功利化倾向——并非唯利是图，而是德福双修。中国传统儒家思想推崇重义轻利，但并非一刀切，并非完全否定利的合理性，而是区分公利与私利，以公利为义，鼓励追求公

---

① 张文德：《江南第一家》，浙江古籍出版社1996年版，第27页。

利，反对追求私利。与传统儒家思想相比，袁黄在《了凡四训》中虽然一再强调"发心"，也就是目的的纯粹利他性，但是从他对行善与福报关系的表述以及所举的大量事例中可以发现，对读者来说，行善助人的最大动力恐怕就是因此能够获得的福报。但这并不意味着袁黄的思想违背了传统儒家思想对义利之辩的基本态度。关键在于《了凡四训》中突出的道德原则的平民化倾向。对于那些舍生取义的仁人志士，我们应当报以敬佩崇敬之情，但是儒家思想关于义利之辩尤其是舍生取义的观点，往往是针对儒家士人，按现在的话说就是高级知识分子阶层。在士、农、工、商四大阶层并存的中国古代社会，这套理论对于农、工、商这三个阶层很难有说服力与约束力。要矫正明代中晚期江南社会广泛存在的奢靡之风与逐利之风，照搬那些适用于儒家士人的道德原则显然是不起作用的。对寻常百姓来说，为生计奔波劳碌自然是生活的第一要务，对商人和手工业主来说，创造财富是他们最为重视的目标。让他们将维护社会公利放在个人利益之前，一方面是不现实的；另一方面，就纠正当时不良的社会风气而言，也不是可行的办法。

相较而言，袁黄的理论具有极高的可操作性。首先，袁黄强调行善可以获得福报，符合当时社会大众的实际与正常心理需求。其次，袁黄强调行善不能存有私念，要求人们一心助人，不执念于私利，可以有效地端正逐利的社会风气；而且，鼓励富商巨贾和其他成功人士运用手中的财富来行善，为自己今后以及子孙积累福报，能够有效抑制随着大量社会剩余财富积累而形成的奢靡之风。最后，袁黄强调行善重在发心与善行的积累，一方面降低了道德原则实践的门槛，另一方面也使道德原则的实践过程有章可循、简便易行。这正契合了"礼"的基本精神：以人为本。

二、浙江礼节民俗中的"礼"

总体而言，发展到今天，浙江民俗的种种形态大体上是吴、越文化以

第三章　崇礼守信：浙江历史中"礼"的文化基因

及中原文化相互交融的产物。浙江民俗当然会随着时代变迁、人口变迁等原因发生变化，但相对稳定且独特的自然环境、自唐宋以来相对固定的行政区划，以及吴、越文化和以儒家传统文化为代表的中原文化在浙江的文化积淀，都决定了从古至今浙江人民生活方式的变化和发展都依循着具有浙江特色的轨迹。

（一）浙江民俗形成的影响因素

据学者分析，浙江的独特民俗主要受以下几个方面影响[①]：

一是地理环境的影响。我们当然不是绝对赞同自然环境决定论——一个区域的民俗文化特征当然不是完全由地理环境决定的，但是在传统社会中，地理环境对人们生活所起的影响往往是具有支配意义的。所谓"南米北面"的传统，很大程度上便是由自然地理条件的差异决定的。这种传统又造成了南北地区饮食民俗文化的差异，比如，北方大多地区过年吃水饺，而在浙江很多地方，人们往往吃汤圆。围绕这些饮食习惯所形成的民俗文化，其间的差异，就是自然地理环境施加影响的结果。就浙江而言，相近的自然地理环境造就了相似的生产生活方式，不同的自然地理环境也造就了环太湖平原桑稻民俗圈、沿海渔盐民俗圈，以及丘陵山区独特的民俗圈等。

二是行政区划的统一。"在中国的历史发展进程中，行政区划的意义有时是非常重要，而且具有某种决定性的作用。从大一统的中国来说，汉民族的完成就得利于秦一直到汉的长期大一统行政区划的建立。这种行政区划的建立，为划一的行政政策的贯彻落实提供了最直接也最有利的条件，从而为规范、趋同同一行政区划之内的民俗文化作了导向性的工作。"自秦始皇统一中国，在吴、越故地设置会稽郡，至唐代设置浙江东道和浙江

[①] 以下论述参考了陈华文的论文《论民俗文化圈》[《广西民族学院学报（哲学社会科学版）》2001年第6期]和《论浙江民俗的演变轨迹及其特点》（《民俗研究》2008年第2期）。

西道,"浙江"作为一个行政区的名称正式登上历史舞台。五代十国的吴越国,疆域包括今天的浙江全境以及苏州、上海、福州的一部分,杭州由此成为浙江的政治、文化中心,浙江也作为一个相对固定的行政区划延续至今。固然,由于自然地理环境的影响,浙江大地可以细分为大大小小不同的民俗圈,但是行政区划的统一在一定程度上打破了受自然地理隔阂的不同地区的界限,加速了浙江域内各地民众的交流。

三是南北文化融合的影响。魏晋时期的永嘉南渡,是浙江历史上第一次大规模的南北文化融合。当时,许多北方世家大族乔迁于此,带来异地的文化、礼仪、习俗等,本地人或主动或被动地开始学习北方世家的生活方式、礼仪习俗甚至语言。南宋建立之后,大规模的北方人口南迁浙江,其中就包括孔子第48代嫡长孙孔端友,孔氏定居于浙江衢州,在很大程度上推动了浙江儒风的兴盛。

> 这种融合不仅在上层人士之中,也在平民百姓中展开,并进入生活的方方面面。有史以来,浙江人从来没有感受到过如此丰富多彩的"异文化"进入生活的视野,从衣食住行到婚丧喜庆,从节日习俗到娱乐竞技,生活中南北之间的创造和融合,完全进入了你中有我、我中有你的境地,从此,大部分习俗地不分南北,人不分东西,大家拥有了越来越相似甚至相同的习俗。[1]

当然,趋同并不代表完全相同,在很多细节方面仍然存在差异。宋室南迁,为浙江带来了面食的传统,以面条为例,与北方面条追求面本身的口感不同,以杭州片儿川为代表的浙江面条更注重浇头的品质——雪菜的酸爽、笋片的鲜美。民俗总是受自然地理环境、历史文化背景和文化互动程度等多方面因素的影响与制约,所以有差异是必然的,或者说,如果连

---

[1] 陈华文:《论浙江民俗的演变轨迹及其特点》,《民俗研究》2008年第2期。

第三章　崇礼守信：浙江历史中"礼"的文化基因

细节方面的差异都不存在了，那么民俗的地方性也不存在了，而民俗的地方性本身就是民俗之所以为民俗的根本特性。

"礼"作为协调人与人关系的社会秩序，在特定的时空背景下有其具体的表现形式，民俗正是带有区域性、时代性的本体化的"礼"。接下来从一个例子来看浙江民俗中的"礼"。

（二）绍兴"吃讲茶"——以和为贵

中国人饮茶历史悠久，传说茶的发现最早可追溯到神农氏，唐朝陆羽所写的《茶经》中记载："茶之为饮，发乎神农。"茶作为一种饮料，在人与人交往的过程中，被赋予了种种社交功能。浙江绍兴古称会稽，历史悠久，人杰地灵。在绍兴这块土地上，精明儒雅的绍兴人开发了茶的一项独特的社交功能："吃讲茶"——调解民间纠纷的形式。

在传统中国社会，地方行政首长往往也是司法首长，地方基层治理与司法管理在某种层面上是一回事：基层治理的目的是教化百姓，保持和谐的人际氛围；而司法的目的不是以暴力手段制止纠纷，而是对已经被破坏的社会秩序、人情关系进行修复。司法的着眼点是现实生活中活生生的"人"，而不是纠纷中被争夺的"物"。

在中国古代基层治理中，地方自治具有极其重要的作用，许多在籍的乡贤、士人有责任和义务协助"父母官"履行教化百姓的职责。古语云"无绍不成衙"，有衙门就要有协助官员的师爷。浙江绍兴因为文风鼎盛，有许多明于经义又善理俗务的士子，他们科举不第，往往会选择从事幕僚之业，也就是当师爷。这些师爷回籍之后，在地方上颇有影响力。而绍兴物阜民丰，明清时就已酒楼林立、茶肆遍布。茶肆是当时人们日常休闲娱乐的重要场所。在大量民间纠纷需要民众认可的民间调解机制的背景下，精通人情、律法的绍兴师爷，便与茶肆自然地结合起来，形成了具有绍兴特色的"吃讲茶"民俗。

"吃讲茶"的程序大致是这样：老百姓之间因种种原因发生了纠葛，

谁都不让步，就请好裁决人——大多是回籍的绍兴师爷。纠纷双方来到茶馆，把知情者都叫来，边喝茶，边评理、判断，由"吃讲茶"中的调解员（也称"店王"）裁决理亏的一方负责付清这次"吃讲茶"的全部茶资，并向另一方赔礼道歉，纠纷也就得到处理。这样的民间调解机制，不仅能够从根本上消除纠纷，维护社会公序良俗，还能够在很大程度上降低社会公共事业运行的成本，是值得学习、提倡的良好风俗。

三、浙商传统中的"礼"

改革开放40多年来，浙江的物质文明建设取得了长足稳定的发展，在当代中国乃至世界经济格局中都占据了不可小觑的位置。浙江的商业文明历史源远流长，2500多年前的陶朱公范蠡便踩出了历史上浙商的"第一个脚印"。浙江的工商业活动具有深厚的民间基础，历史传承和脉络较为完整。自永嘉南渡以来，历经隋唐的变迁，中国经济重心最终在两宋时完成南移。隋朝始建的京杭大运河使得杭州成为江南物资的集散中心；五代时期吴越国70多年的励精图治使浙江免于战火，同时也奠定了两宋之后浙江富甲东南的基础；宋元时期，浙江凭借发达的丝织业和优良的海港资源，成为"海上丝绸之路"重要的出发点。天时、地利、人和，使浙江成了中国经济高度发达的地区，工商业的蓬勃发展更是使浙江产生了中国早期资本主义的萌芽。明朝时期，浙江诞生了声名远扬的龙游商帮和宁波商帮。至清代，浙商抓住机遇，以浙江为基地，以上海为中心，走上了全国和世界的舞台，创造了无数商业神话与财富故事，民国时期，大上海的一半产业均为浙商创造。浙商，因此成为中国近代史上最活跃的商帮群体和企业家集团。改革开放之后，浙商更是顺时应势，扬帆起航，活跃于国内外商界，是中国最活跃的商帮之一。

浙江经济的发展离不开许许多多优秀浙商的鼎力推动，而浙商不断开拓创新、砥砺前行的精神动力又与中国传统文化核心价值——"礼"一脉相承，并在此基础上发展出具有浙江特色的浙商精神。

（一）浙商传统的文化脉络："礼"——义利相合

浙商传统上承中国传统儒家文化中的经济伦理思想。一般认为，中国古代经济伦理思想具有德性主义的特征，而德性主义经济伦理思想的产生始于以孔子为代表的儒家经济伦理思想。在义利关系上，孔子表现出重义轻利、以义制利的倾向。在孔子的义利观中，义主利从、见利思义是其基本态度。求利是人的本能，孔子并不否认这一点，但是他坚决反对见利忘义、唯利是图："不义而富且贵，于我如浮云。"（《论语·述而》）孔子对"利"作了区分，将"利"分为"大利"和"小利"。子夏做莒父宰，向孔子问政，孔子告诉他："无欲速，无见小利。欲速，则不达；见小利，则大事不成。"（《论语·子路》）这里的"小利"当然包括私利，与之相对的"大利"包括民利，以及国家之利。但不止于此，欲成大事，除了创造更多的利益，更重要的是在利益分配的环节做到公平公正，否则，即使有再多的民利与国家之利，也是"小"的，成不了大事。

如此，在孔子看来，以义制利，对利益或者财富的分配就显得尤为重要。"君子喻于义，小人喻于利。"（《论语·里仁》）笔者认为，这里的"君子"和"小人"并非道德意义上的君子、小人，而是就社会阶层而言，相当于肉食者与蔬食者。孔子的意思是：普通百姓（小人）终日为生计考虑，这是一种日常生活的实然状态；统治阶层（君子）应当考虑如何做到对利或财富的合理分配（义），这是一种政治生活的应然状态。

当然，传统儒家关于义利关系的讨论更多还是站在国家或者说统治者的角度，对商人阶层自身的创造力和能动性缺少关注。究其实质，这是因为在传统儒家看来，天下之"利"有一个相对稳定的总和。司马光便认为"天地所生财货百物，止有此数，不在民则在官"（《续资治通鉴·宋记》）。司马光此言固然是针对王安石变法可能造成与民争利的结果而言，但也是传统儒家士大夫对于"利"的一般看法：既然政府获取更多财富是对百姓利益的戕害，那么商人获取更多财富，显然也会侵害百姓的利益。正是在这种传统财富分配理论的影响下，中国古代商人的社会地位一直较低，商人逐利的本性一直被压抑，得不到合理的疏导。

两宋之前，浙江大地上少有在思想史上具有重大影响的学者。但自北宋以来，浙江迅速发展出浙东学派，开中国近代启蒙之先风，并在观念形态上直接影响浙江商人的经营理念与方式乃至商业行为，为浙商精神灌注了一股"义利相合"的"礼"的力量。

浙东学派肯定了商人的社会地位，永嘉学派代表人物叶适就主张"大贾可官"。永康学派代表人物陈亮则直截了当地说自己当年曾经也有经商的念头："亮本欲从科举冒一官，既不可得，方欲放开营生。"（《与吕伯恭正字·又书》）黄宗羲则指出："世儒不察，以工商为末，妄议抑之。夫工固圣王之所欲来，商又使其愿出于途者，盖皆本也。"（《明夷待访录·财计三》）士、农、工、商只是职分不同，没有贵贱之分，工、商皆本。他们进而提出"义利并重"或"义利相合"的思想主张，如陈亮认为"义"不存在于远离尘世的虚空之中，而是实实在在落于事功之中："功到成处，便是有德，事到济处便是有理。"（《宋史·陈亮传》）他指出，"农商一事""商藉农而立，农赖商而行"。叶适也反对义利两分，主张重视、正视功利。他主张"以利和义""义利并立"："既无功利，则道义者乃无用之虚语耳。"（《宋元学案·水心学案》）这些思想既是对重农抑商传统的扬弃，同时也是商业文化对传统思想资源的整合——从"以义制利"到"义利相合"。此外，"浙江历史上书院兴盛、私塾众多，'耕读传家'，尊师重教，各种民间文艺繁荣，使这些思想观念在民间得到广泛传播，构成了浙江人的'遗传因子'，形成了'义利并存'和'工商皆本'的精神遗产，并代代相传，潜移默化地影响浙江人的社会心理，形成了浙江重商的区域文化传统。这就为浙商的形成、发展作了充分的理论铺垫、心理准备、文化支撑,从而构成浙江商人崛起的文化背景"①。

接下来以浙商历史上的两个典型代表——龙游商帮和湖州商帮为例,分析浙商精神中义利相合的具体体现。

(二)龙游商帮之"礼":诚信利人

明清时期,商品经济发展迅速,商品流通领域亦随之扩大,从区域局部向全国各地乃至国外辐射。"商品流通范围扩大,商品数量和品种的增多,商业中具有'龙头'作用的行业在一些地区兴起,商业的竞争出现了空前激烈的状况。这一时期的商人活动有一个非常显著的特点,即是形成了以地缘为纽带,以保护共同利益为目的的商人集团——即商帮。"②当时全国著名的商帮有徽商、晋商、江右商、鲁商、陕西商、广东商、闽商、宁波商等十大商帮。在明朝中后期,最活跃的商帮是徽商、洞庭商和龙游商,有三则与这三个商帮相关的谚语:"钻天洞庭遍地徽""无徽不成镇""遍地龙游"。明代徽商以经营茶叶、木材、盐和典当行业为主,成群结队活跃于全国各地;发源于太湖洞庭两山的洞庭商帮则主要从事转输贸易活动,辗转各地;龙游商帮从事的行业包括珠宝、古董、印刷以及海外贸易等。

历史上衢州府五县(西安、龙游、江山、常山、开化)商人都非常善于经商,然以龙游商人最为著名。龙游商帮是以龙游商人为主,也包括衢州府诸县的商业团体。"龙游经商之风早在宋代已起,'南宋时,韦塘村人朱世荣……流寓常州,致巨富,置业亘常州三县之半。后归里,复大置产,当时以为财雄衢常二郡。'(民国《龙游县志》卷二四《丛载·轶闻》)龙游商帮不像一般山区乡民那样安土重迁,他们为了求生存谋发展,不畏背

---

① 章剑鸣:《浙商文化的历史探源》,《广西社会科学》2005年第11期。
② 鄢卫建:《探索兴亡之道,钩沉历史辉煌——评陈学文先生的〈龙游商帮〉》,《浙江学刊》1996年第6期。

井离乡,这样的心态、性格、理念在当时确属难得。"①龙游商帮可以说是很奇特的存在,既无官府支持,又无强大的宗族势力做后盾,但他们却能在强手如林的各大商帮中崛起,跻身十大商帮之列,不能说不是一个奇迹。

据陈学文的研究成果,从客观自然条件来看,龙游之所以在历史上商业氛围浓厚,消极地说,是因为龙游属于丘陵地形,山多田少,自然资源不足,自然条件迫使民众必须走出家乡、向外开拓;积极地说,是因为龙游交通便利,作为八省通衢,商业信息灵通,便于商业发展。②除此之外,我们还应该注意到,龙游商帮的成功与其自身的文化基因有直接联系。

龙游,古属两浙东路,千百年来文风不辍,素有重文化的传统,诗书礼乐传家,耕读遵礼,弦歌不绝。龙游人就是出为商贾也不忘读书,故首选造纸刻书为业。龙游多产纸,龙游纸的历史可以追溯到唐朝,竹制元书纸被列为贡品。宋代以来,龙游造纸业进入蓬勃发展时期,至明代,龙游成为浙江重要的纸产地之一。明代刻书家余象斗尤重用纸,他曾品评当时著名纸品徽歙纸、江西纸、铅山(奏本)纸等,认为浙江衢纸尤胜。③明代学者、浙江右参政陆容的《菽园杂志》中说:"衢之常山、开化等县人,以造纸为业。""浙之衢州,民以抄纸为业,每岁官纸之供。"当时龙游有一个纸商叫林巨伦,积资达数万,龙游修建通驷桥,他一次就捐银一万多两,足见其经营规模不小。据统计,仅光绪年间,龙游县共有纸店近20家,分布在溪口、驿前、湖镇和茅头等地。

在造纸业的基础上,龙游商人还积极进军出版业,热衷于文化传播,是当时著名的书商群体。如龙游瀫水乡人童珮,就是一名亦儒亦贾的书商。

---

① 陈学文:《天涯贾客、无远弗届:龙游商帮的历史辉煌》,《浙江外国语学院学报》2014年第6期。

② 参见陈学文:《天涯贾客、无远弗届:龙游商帮的历史辉煌》,《浙江外国语学院学报》2014年第6期。

③ 参见陈学文:《中国历史上西部开发的先驱者——龙游商帮》,《浙江学刊》2003年第2期。

第三章 崇礼守信：浙江历史中"礼"的文化基因

童珮年少时家贫，随父往来于吴越间。商旅途中，童珮常常手持诗书，端坐于船上，苦读不辍。龙游有不少商人以刻书为业，或开设书店。比如龙游望族余氏在江苏娄县开设书肆，高薪延聘学者为其校勘，凡看到质量高者，边校勘，边买卖。史书记载，余氏所开书肆在清初因"所刊读本四书字画无伪，远近购买"[①]。

龙游商人在文化传播事业上取得了巨大的成就，他们并非附庸风雅之辈，而是在经营过程中贯彻了"诚信利人"的理念，并将其作为龙游商帮的行为规范，亦即"礼"。明代浙江人张应俞编著《杜骗新书》，列举了24类84则骗术，涵盖明代中叶以来商场上不诚信经营的事例，可见不诚信交易的现象在当时极其普遍。相较之下，龙游商帮恪守诚信的作风尤为可贵，试举两例。

龙游商人傅家来开设傅立宗纸号，非常注重产品质量，精益求精，所造之纸坚韧白净、均匀齐整，同一纸号中比其他家的纸重十多斤。造纸是包含多道工序的生产流程，为保证质量，他层层把关，严格检验，次品决不出售。傅立宗纸号的产品畅销大江南北。为表示对用户负责和维持良好的信誉，产品统一加上"西山傅立宗"印记。

龙游商人胡筱渔自接办姜益大棉布店以来，诚信经营，维护店号信誉。有一次，他向海宁布商订购了7500匹石门棉布，价值数万元，但在运输中遭劫，这本是卖方之责，但胡筱渔主动承担损失，再次预支6万元订购石门布。他在店里特雇了三名验银工，凡在店内流通的银圆，经检验后加印店号，以示信用。他对职工以礼相待、以诚相待，对年长者以叔伯、对同辈以兄弟、对晚辈以弟侄相称，平等待人，从不刻薄，年终时发红利压岁钱，春节时赏给每一名职工价值一匹布的奖励金。胡筱渔诚挚待人，职工深受感动，工作就更负责，保证了姜益大棉布店的良好运作。[②]

[①] 杨涌泉：《龙游商帮：西部开发的先驱》，《现代国企研究》2012年第8期。
[②] 参见陈学文：《中国历史上西部开发的先驱者——龙游商帮》，《浙江学刊》2003年第2期。

龙游商帮除了在经营中恪守诚信之外,由于文化水平较高、素质较好,慷慨乐施,愿为社会做奉献。龙游商帮以"礼"作为行为准则,将诚实守信、与人为善的品质贯彻在经营活动中,这不仅为他们的事业奠定了成功的基础,也使他们在造福时人的同时,为后世留下了宝贵的精神财富。

(三)湖州商帮之"礼":胸怀家国

湖州商帮发轫于鸦片战争之后。湖州商帮指的是"鸦片战争后旧湖州府属7县(乌程、归安、安吉、长兴、德清、武康、孝丰)以上海为经营中心,以血缘姻亲和地缘乡谊为纽带,以会馆、公所、同乡会为联络之所而自发形成的、既亲密又松散的区域商人群体"[①]。

湖州地处杭嘉湖平原太湖之滨,气候适宜,河网密布,水质清洁,土壤丰腴,极其适合养蚕。"湖州丝和丝织品唐宋时期已列入贡品,为宫廷官府所喜爱……明代一部日用类书《新刻天下四民便览三台万用正宗》中罗列全国丝织品时提到,'杭州绫在次,湖州绝好。'清代湖丝以'辑里丝'之名,经上海、广州大量贩销到世界各地。"[②]

事实上,近代以前湖州虽然丝织业发达,但从事丝织业贩售的主要是外地客商,湖州本土商人队伍较小。1843年上海开埠,原先经由广州出口的湖州丝织品就近转至上海出口,运输路程大大缩短,运费大大降低,以辑里湖丝为主的中国生丝在上海开埠不久就占据欧洲市场。当时的英国对华贸易报告说:"中国出口生丝几乎全部产于浙江北面的三个府,即杭州府、湖州府、嘉兴府。其中,湖州府的产量较其它两府为多。"[③]湖州商人应运而起,"原有的丝商纷纷扩大经营,如陈竹坪、邢庚星等;有的更换行业,如刘镛原先从事布肆,后改丝业;有的则弃儒业丝,如庞云、金桐

[①] 陶水木:《近代湖州商帮兴衰探析》,《浙江学刊》2000年第3期。
[②] 陈学文:《明清时期湖州的丝织业》,《浙江学刊》1993年第3期。
[③] 姚贤镐:《中国近代对外贸易史资料(1840—1895)》,中华书局1962年版,第69—70页。

第三章 崇礼守信：浙江历史中"礼"的文化基因

等。他们在农村设丝行，在上海开丝栈。上海开埠后最早经营辑里丝的丝栈大多由湖商所开设，较大的有刘镛的刘贯经记丝栈、陈竹坪的与昌栈"①。至19世纪六七十年代，湖州商帮初步形成。1860年，"湖州丝商陈熙元等为'联同业之情，而敦异乡之好'，通过浙江丝绸捐局总办湖籍赵炳麟禀呈，发起成立了行业团体上海丝业会馆"②。会馆的10名董事中，湖州丝商占5名，可见其地位举足轻重。

湖州自古以来文风特盛，传统儒家文化的影响极深。对湖州商人而言，所谓"商之大者，为国为民"，"修身、齐家、治国、平天下"始终是心中放不下的理想，浓厚的家国情怀让他们的眼界不止于小富即安的经商生活，关怀社会、以天下为己任是湖商群体最感人的情怀，他们大多不愿意让子女继承家业，而更希望子女学而优则仕，为民造福，为国尽忠。比如南浔巨富刘墉对子女教育极为严格，儿子刘锦藻高中进士（与张謇同科）。刘锦藻曾受清廷农工商部奏派，出任上海大达轮船公司总理，与张謇共事合作，发展民族经济；在南浔发起集资10万元，投资浔震电灯公司；发起成立浙江铁路公司，参与创办并投资浙江兴业银行。光绪二十七年（1901年），刘锦藻与沈谱琴等人在当地百姓支持下，为美国传教士强占湖城"海岛"一案上诉，历时数年，最终美国教会败诉，开创了中国人在美国打赢官司的先例。光绪三十一年（1905）七月，为抵制英美商人以铁路借款为诱饵掠夺苏杭甬铁路与浙赣铁路之权的企图，刘锦藻与汤寿潜召集浙江绅商在上海集议，拒绝英美借款，决定在浙江自造铁路，创办浙江铁路公司。刘锦藻被选为副总经理，以他为首的南浔财团成为浙江铁路公司的支柱，积极参与保路运动。晚清以来风云际会，许多湖州商人挺身而出，毁家纾难，投身革命事业，如陈其美、张静江、周佩箴等。在那个特殊年代，湖州商人用自己的行动阐释了"商之大者，为国为民"。

---

① 方福祥：《近代上海湖州商帮的演变及其特征》，《学术月刊》2003年第3期。
② 方福祥：《近代上海湖州商帮的演变及其特征》，《学术月刊》2003年第3期。

第四章

凝心铸魂：
以时代精神续写浙江之『礼』

文化是国家和民族的灵魂，是一个国家综合国力和国际竞争力的深层支撑。党的十八大以来，习近平总书记多次强调，要注重中华优秀传统文化的创造性转化和创新性发展。中国特色社会主义进入新时代，面对新的社会条件，只有进一步增强文化自信，才能更好地构筑中国精神、中国价值、中国力量，为人民提供精神指引。习近平总书记在党的二十大报告中强调："全面建设社会主义现代化国家，必须坚持中国特色社会主义文化发展道路，增强文化自信。"中华优秀传统文化是中华文明的智慧结晶和精华所在，是中华民族的根和魂，是我们在世界文化激荡中站稳脚跟的根基。增强文化自信，实现中华优秀传统文化的创造性转化和创新性发展，需要抓手。"礼"蕴含着中华民族几千年来的人文精神和道德规范，跨越时空，历久弥新，是新时代文化建设的落脚点和发力点。

一、以习近平新时代中国特色社会主义思想为指引，推动"礼"文化创造性转化与创新性发展

第一，坚定文化自信，取其精华，去其糟粕。

人类社会发展史不仅是人类物质文明成果积累的过程，也是思想文化沉淀和传承的过程。文化对一个国家、一个民族的存续和发展至关重要，

第四章　凝心铸魂：以时代精神续写浙江之"礼"

文化凝聚着本民族对世界的共同认知和感受，凝聚着本民族深层次的价值观和精神追求。鸦片战争以后，中华民族在民族独立、经济发展、文化自信上都遭受重大挫折。从新文化运动开始，人们对中国传统文化展开了全面而激进的反思。国家强盛和文化的先进性息息相关。中华人民共和国成立后，从"站起来"到"富起来"再到"强起来"，经济建设的快速发展在很大程度上重振了民族自信心，但是文化自信仍显不足。如何真正重建中国人的文化自信、提振中国人实现中华民族伟大复兴中国梦的自信心，是新时代中国特色社会主义和中国式现代化进程中面临的重大课题。

党的十八大以来，以习近平同志为核心的党中央不断深化对文化的认识，提出了文化自信理论。习近平总书记高度重视文化在国家、民族发展中的地位和作用，揭示了文运与国运、文脉与国脉的血肉联系。他强调："文化是一个国家、一个民族的灵魂。文化兴国运兴，文化强民族强。没有高度的文化自信，没有文化的繁荣兴盛，就没有中华民族伟大复兴。"[1]由此，习近平总书记特别指出文化自信的重要意义，并将其与社会主义的道路自信、理论自信、制度自信相并列，提出了发展社会主义先进文化、建设社会主义文化强国等一系列重要论述和重要举措。文化自信之"文化"，是指"在五千多年文明发展中孕育的中华优秀传统文化，在党和人民伟大斗争中孕育的革命文化和社会主义先进文化"[2]。中华优秀传统文化与革命文化、社会主义先进文化一脉相承，统一于中国特色社会主义文化这一文化历史发展形态之中，展现了中华文化连续性与非连续性辩证统一的历史逻辑。浙江文脉中的"礼"思想和社会习俗中的"礼"规范，与"浙风十礼"是源和流的关系。

传统文化的传承，唯有经过转化和发展才能实现。习近平总书记强调："传统文化在其形成和发展过程中，不可避免会受到当时人们的认识水平、

---

[1] 习近平：《习近平谈治国理政》第三卷，外文出版社2020年版，第32页。
[2] 中共中央党史和文献研究院编：《十八大以来重要文献选编（下）》，中央文献出版社2018年版，第349页。

时代条件、社会制度的局限性的制约和影响，因而也不可避免会存在陈旧过时或已成为糟粕性的东西。"① 这主要体现在两个方面：一是我国传统文化中有先进的思想理念，也存在源于封建社会的消极成分；二是我国传统文化中的积极因素或具有当代价值的内容，还存在话语转化、形态更新的问题。因此，传承浙江文脉中的"礼"，要秉持科学、创新的态度，将时代特征和传统文化相结合，才能返本开新，挖掘并实现"礼"的现代内涵和意义。

第二，坚持以人民为中心。

为谁创造文化，是文化发展中一个根本的问题。习近平总书记强调，在推进中华优秀传统文化的创造性转化和创新性发展过程中，要始终坚持以人民为中心，坚持为人民服务的方向，这样才能保持中国特色社会主义文化建设的先进性。文化的先进性与人民性是内在统一的，"以谁为中心"是判断文化是否具有先进性的根本标准。中国特色社会主义文化的最终目标就是促进人的自由全面发展。

坚持社会主义道路，坚持以人民为中心，就是要促进优秀传统文化创造性转化和创新性发展，只有这样，才能准确辨别中国传统文化中的精华和糟粕，提升社会主义先进文化的发展质量。习近平总书记在党的十九大报告中指出："中国特色社会主义进入新时代，我国社会主要矛盾已经转化为人民日益增长的美好生活需要和不平衡不充分的发展之间的矛盾。"② 满足人民的精神文化需要和美好生活需要，是"以人民为中心"的原则在文化创新发展领域的具体表现，是推动中华优秀传统文化创造性转化和创新性发展的出发点与落脚点。

---

① 《习近平总书记系列重要讲话读本》，学习出版社、人民出版社 2016 年版，第 201 页。

② 习近平：《决胜全面建成小康社会 夺取新时代中国特色社会主义伟大胜利——在中国共产党第十九次全国代表大会上的报告》，《人民日报》2017 年 10 月 28 日第 3 版。

不同形态的文化交流、交融、交锋，是世界文化发展大势。面对两个大变局，我们必须深刻意识到，由于当前西方的话语优势和意识形态渗透，特别是随着网络空间的兴起，文化之争、价值观之争更加明显。优秀传统文化根植于历史深处，来自人民生活和风俗习惯。以习近平新时代中国特色社会主义思想为指导，以群众喜闻乐见的形式，将"礼"融入社会生活全过程，是扎根浙江大地，保持文化建设正确发展方向，促进文化大发展的重要举措。

第三，立足于新时代中国特色社会主义实践。

文化作为一种社会意识，归根结底是由人们的物质生活实践和社会存在决定的，这是唯物史观对文化问题一以贯之的基本立场和基本原则。习近平总书记反复强调，中国特色社会主义文化"植根于中国特色社会主义伟大实践"。中华优秀传统文化的创造性转化和创新性发展必须立足于新时代中国特色社会主义实践，促进新时代中国特色社会主义事业的发展。因此，作为精神生产的"浙江有礼"省域文明新实践活动，不能脱离物质生产实践和社会生活而独立存在。

首先，立足于共同富裕和经济社会发展，坚持古为今用的原则，激活对"礼"文化的认同感和"礼"文化的现代生命力。经济基础决定上层建筑，精神文明是由经济基础决定的，但是文化同时具有历史性，在几千年的历史沉淀中保留下来的风俗习惯，对人的行为、生活和态度具有深刻的影响。马克思主义理论认为，社会文化对经济基础具有反作用，先进文化促进社会发展，落后文化阻碍和制约社会发展。正是基于此，"礼不远人"，应该以时代性来丰富社会主义先进文化的内容。

其次，立足于中国特色社会主义实践，要将优秀传统文化与马克思主义基本原理、与发展中的社会实践相结合。正如习近平总书记所言："只有把科学社会主义基本原则同本国具体实际、历史文化传统、时代要求紧密结合起来，在实践中不断探索总结，才能把蓝图变为美好现实。"①实现中华优秀传统文化的创造性转化与创新性发展，就是要使传统文化与社会主义现代化事业相适应，要使文化上层建筑适应于社会经济基础，而不是与此相反。今天，中国特色社会主义最重要的实践就是全面开启中国式现代化道路，实现中华民族伟大复兴。这项伟大事业需要汇聚全民族的精神力量，形成全民族的思想共识，也需要文化的繁荣发展作为支撑，这些都要求我们在汲取中华优秀传统文化精华和智慧的同时，实现价值、行为规范、社会秩序三者的统一，通过新时代"礼"的践行，在推进历史进步中实现文化进步。

最后，立足于中国特色社会主义实践，要有利于满足人民的精神文化需求，有利于民族团结，有利于增强人民精神力量。文化对社会发展所起的作用是以人为中介来实现的，因为人民群众是在具体的经济、政治和文化条件下创造历史的。因此，要聚焦于提高人的综合素质和思想观念水平，"以礼化人、以礼育人"，提升人的主体性，从而推动社会实践发展进步，这是文化建设推进人的全面发展的时代任务。

二、以社会主义核心价值观为引领，
塑造先进"礼"文化

"礼"与社会主义核心价值观有相同的文化根基，有一致的发展目标，也有相似的文化载体，要以社会主义核心价值观为引领，塑造先进"礼"文化。

第一，秉持共同富裕的本质要义。人的需要是人的生命维系与生存延续的本质内容，构成了人的存在与发展的价值基础。"人的需要具有广泛

---

① 习近平：《在纪念马克思诞辰200周年大会上的讲话》，《人民日报》2018年5月5日第2版。

第四章　凝心铸魂：以时代精神续写浙江之"礼"

性和无限性的特点，可划分为维持自身生存的最基本的生存需要、提高生活质量的享受需要、实现人类综合价值的发展需要三个方面。"[1] 共同富裕是基于人的需要的充裕满足与实现，达到人民的多维需要之间的协同实现与优化满足。精神生活富裕作为共同富裕的应有之义，既承载着共同富裕的共性规定，也蕴含着精神层面的内在特质属性。从精神、生活与富裕的多重维度观照精神生活富裕，其根本要求是人的精神需求与供给之间的高度发展及动态平衡。文化建设以社会主义核心价值观为根本价值基准，引领人民正确辨识与选择合理的精神生活需求，追求积极向上的精神生活方式。同时，中国式现代化进程中，"礼"是解决社会矛盾，满足多层次、个性化的个体需求和多方面、多样化的群体需求与社会需求的交汇点。这必然要求以社会主义核心价值观涵养人民对"礼"的认知，通过社会主义核心价值观的价值升华，以更厚重的价值底蕴深化"浙江有礼"省域文明新实践的意义，以更高层次的价值追求引领"两个先行"。

第二，遵循人的全面发展的本质规律。人的全面发展是人的个体本质、社会本质与类本质的全面发展，人的需要、社会关系与实践能力构成了人的全面发展的本质内容。由此，人民精神生活共同富裕作为人的全面发展的深层次要求，是"人的全面发展、全体人民共同富裕取得更为明显的实质性进展"的重要衡量尺度。人民精神生活共同富裕是基于应然性的价值指向、自洽性的价值关系与能动性的价值实践，不断实现人民的全面发展与自由个性生成。"礼"在目标维度上，以和谐社会为终极愿景，孜孜以求实现人的自由而全面的发展；在价值层面上，"礼"的目的在于精神文化供给的丰富充裕，实现精神生活品质的内涵与标准提升，实现个体、群体与社会的关系协同，既构筑共有的精神家园，又构建个性和谐的意义世界；在实践层面上，"礼"是要实现全体人民的共建共享，通过道德素质、

---

[1] 马静：《协同推进人民富裕、国家强盛、中国美丽——基于马克思恩格斯生态文明思想的理论阐释》，《山东师范大学学报（社会科学版）》2021年第6期。

文化素质等方面综合发展，推进个体内与主体间的协同发展。

第三，彰显社会主义的本质要求。习近平总书记指出："共同富裕是社会主义的本质要求，是中国式现代化的重要特征。"全体人民共同富裕作为社会主义优越性的本质体现，是实现社会主义现代化、建成社会主义现代化强国的人本价值旨归。人民精神生活共同富裕作为共同富裕的本质内容，蕴含着人的现代化与文明的现代化之双重维度。在人的现代化维度，人民精神生活共同富裕是"全体人民共同富裕的现代化"的题中要义，推进精神生活方式与价值观念的现代化转型及发展。在文明的现代化维度上，"礼"立足于"人"的在场状态，协调实现"物"的全面丰富和"人"的全面发展。以"礼"促进人民精神生活共同富裕，就是始终坚持人民立场，高扬人类文明新形态的"人民至上"鲜明底色，彰显中国式现代化道路的"人民至上"根本优势。

三、以红船精神、"红色根脉"为支撑，涵养新时代"礼"文化

从1921年到2023年，在这100多年的奋斗历史中，各族人民在中国共产党的领导下共同谱写了一幅幅壮丽篇章，形成了底蕴丰富的红色文化精神。红色文化的深刻内涵和珍贵价值既传承了中华优秀传统文化的价值理想，又进一步创新和发展了中国特色社会主义文化的红色基因。因此，在两个一百年交汇的今天，浙江"红色根脉"对于引领社会文化、激发民众爱国爱党的热情、进一步增强文化自信，以及做好新时代的"浙江有礼"有着重要的意义。

第一，红色文化是推进文化建设的重要路径。红色文化是中国共产党结合中国的具体国情以及不同时代的突出矛盾，在马克思主义的科学指导下，领导广大人民群众在争取民族独立、实现国家富强的过程中形成的。因此，红色文化的创造主体是广大人民群众，其理论成果是马克思主义中

国化过程中凝结的智慧结晶，反映了广大人民群众的根本利益，具有群众性。红船精神和"红色根脉"，再现了中国共产党领导人民群众进行革命建设和改革的历史场景，呈现了浙江人民在实践中运用马克思主义基本原理和基本方法的理论成果。将"礼"与红色文化相结合，不仅是对"红色根脉"的赓续，而且能够进一步激发家国情怀。

第二，红色文化是传承中华民族优秀文化的创新动力。中国共产党人根据中国具体的国情，对中华传统文化进行取其精华、去其糟粕的传承与发展，近百年来，通过创新与推进，孕育了红色文化独特而丰富的物质文化、制度文化、精神文化和符号文化的中国气质。从理论逻辑看，红色文化是马克思主义与中国实际相结合的重要文化表现，其人民性立场鲜明，是广大中国人民高度认同的精神家园。红色文化的形成历程与中华民族的近代史重合，正如习近平总书记所言，"当今世界，要说哪个政党、哪个国家、哪个民族能够自信的话，那中国共产党、中华人民共和国、中华民族是最有理由自信的"[1]。这一切伟大的实践，都为中华民族的文化自信提供了强有力的全方位支持，筑牢了强有力的制度保证和民心基础。

第三，红色文化深化了对中华优秀传统文化的弘扬。随着网络信息技术的发展，多元文化浪潮涌入社会，面对西方思潮和经济发展中的错误思想，我们必须固本培元，从祖国悠久的历史和灿烂的文化中得到启发，提高民族自尊心和自信心。红色文化既传承了中华优秀传统文化中的重仁爱、重民本、自强不息、扶危济困等精神品格，又融合了马克思主义中国化过程中闪耀出的全心全意为人民服务、自力更生、艰苦奋斗的时代光芒。因此，将红色文化与"礼"融合，更能促进人民群众从历史的方位和发展的角度全面把握中华优秀传统文化的珍贵品质和时代价值。

第四，红色文化有利于"礼"承载社会责任感。正如习近平总书记所

---

[1] 习近平：《在庆祝中国共产党成立95周年大会上的讲话》，《人民日报》2016年7月2日第2版。

强调,"中国特色社会主义文化,源自于中华民族五千多年文明历史所孕育的中华优秀传统文化,熔铸于党领导人民在革命、建设、改革中创造的革命文化和社会主义先进文化,植根于中国特色社会主义伟大实践"[1]。中国特色社会主义的伟大实践成功证明了中国共产党始终代表中国先进文化的前进方向,正确领导人民群众共同为更加美好的明天奋斗。红色文化凝聚着社会主义理论和道路的巨大优势,可以提升文化自信和民族自豪感,提升全中国人民实现中华民族伟大复兴中国梦的文化自信和底气。

---

[1] 习近平:《决胜全面建成小康社会 夺取新时代中国特色社会主义伟大胜利——在中国共产党第十九次全国代表大会上的报告》,《人民日报》2017年10月28日第3版。

第五章

"浙风十礼"：浙江省域文明新内涵

"浙风十礼"是对"浙江有礼"省域文明新实践内涵的具体表述，主要指以人的现代化为核心，适应新时代要求，彰显浙江特质，并且符合高质量发展建设共同富裕示范区之义的思想观念、精神面貌、文明风尚、行为规范，同时，也是贯彻落实《浙江高质量发展建设共同富裕示范区实施方案（2021—2025）》《加快推进新时代文化浙江工程的意见》《浙江省新时代公民道德建设实施纲要》、打造在全国具有重要影响力的精神文明高地的重要举措。在习近平新时代中国特色社会主义思想的指引下，"浙风十礼"赋予浙江省域文明新的内涵。

一、浙江省域文明新内涵的提出

中共中央、国务院赋予浙江高质量发展建设共同富裕示范区的光荣使命，如何通过实践进一步丰富共同富裕的思想内涵，探索破解新时代社会主要矛盾的有效途径，为全国推动共同富裕提供省域范例，打造新时代全面展示中国特色社会主义制度优越性的重要窗口，成为浙江需要作答的问题。这既是提出浙江省域文明新内涵的时代背景，也是浙江省域文明新实践必须回答和解释的理论与实践问题。

第五章 "浙风十礼":浙江省域文明新内涵

(一)省域文明与共同富裕

实现全体人民共同富裕,既是社会主义的本质要求,也是中国式现代化的重要特征。高质量发展不是一个简单的"做蛋糕""把蛋糕做大"的问题,而是要坚持把社会作为一个系统,以人的现代化为核心,体现新发展理念,促进共同富裕。同时,共同富裕的最终目标是实现人的全面发展。作为共同富裕先行示范区,浙江在实现精神富裕、推进人的现代化与文明化的进程中要起到先锋示范作用。

时任浙江省委书记袁家军指出:"共同富裕既包括物质富裕,也包括精神富有,推进以人为核心的现代化是其中非常重大的课题。文化工作在高质量发展建设共同富裕示范区中起决定性作用,是关键变量。"[1]那么,如何更好地发挥文化在建设共同富裕示范区中的作用,尤其是如何通过人民发挥直接作用,将文明成果取之于民、用之于民并推动共同富裕,成为浙江省域文明建设需要面对的问题。

在新时代,实现共同富裕"以人民为中心","人民美好生活需要"取代以往的"物质文化需要"。如马克思所言,"需要的发展是人的本质力量的新的证明和人的本质的新的充实"[2]。"人民美好生活的需要",是人在发展过程中摆脱和超越物质需要,实现人的自由而全面的发展,实现人的文化本性,即人的文化(文明)的生成性。

"浙风十礼"应运而生,它是建设共同富裕示范区文化工作的重要载体和打造精神文明高地的重要承载者,以文明实践推进人文浙江、文化浙江的建设,从而实现人民的美好生活的愿望。

(二)省域文明与文化浙江

从文化大省、文化强省到文化浙江的提出,浙江省域文明新实践要推

---

[1] 袁家军:《为高质量发展建设共同富裕示范区注入强大文化力量》,《政策瞭望》2021年第9期。
[2] 《马克思恩格斯全集》(第42卷),人民出版社1982年版,第342页。

动文化浙江建设，打开社会发展的新视野。在2021年召开的浙江省委文化工作会议上，时任浙江省委书记袁家军提出，要深入推进新时代文化浙江工程，加快打造新时代文化高地，构建起以文化力量推动社会全面进步的新格局。省域文明新实践要努力探寻浙江文化的历史资源，将浙江优秀传统文化精神有机地融入新时代文化浙江，推进文化浙江工程的发展，打造文化浙江的有礼品牌。

第一，"红色根脉"构筑精神家园。在中国共产党百余年的奋斗历程中，闪耀着丰富的革命精神，它们是漫漫长河中的灯塔，照亮前行的道路，它们是百年风华中的明星，镌刻不朽的传奇。浙江是革命红船的起航地，在这片土地上也诞生了具有浙江特色的革命精神谱系，如红船精神、大陈岛垦荒精神、蚂蚁岛精神、红十三军精神……它们在很大程度上集中反映了一个群体在一段时间内的精神风貌，充分彰显了共产党人的理想信念和初心使命。以红船精神为起源，各种红色精神虽时空各异、内容不同，却都在一以贯之地凝聚磅礴伟力，构筑精神家园。

第二，"遗址文化"开启中华文明。浙江是中华文明的重要发源地之一："万年上山，世界稻源"，浙江省金华市浦江县上山遗址是世界稻作农业的起源地，这里出土了世界上最早的彩陶；2019年被列为世界文化遗产的良渚古城遗址，更是证实了中华五千年的文明史，被考古学界誉为"中华文明的一个源头"；宁波余姚河姆渡遗址的发现，改变了"黄河中心论"的史观，告诉世人长江流域也是中华文明的摇篮，而跨湖桥遗址的发现再次有力证明了这一观点。

第三，戏剧传说丰富文化内涵。浙江是南戏和越剧的发源地，婺剧、绍剧、新昌高腔、宁海平调、松阳高腔、杭剧、甬剧等勃兴于浙江大地，各剧种百花齐放，深深影响着民间戏曲的发展。不仅如此，"梁山伯与祝英台""白娘子与许仙"、西施传说、济公传说等浙江民间传说，在为浙江文化蒙上一层浪漫色彩的同时，也反映了江南的风土人情，丰富了文化浙江的内涵。

第四，文化名人凝练城市精神。自古以来，吴越大地人杰地灵，涌现了不可胜数的文化名人，如初唐四杰之一的骆宾王，南宋爱国诗人陆游，元初三大书法家之一的赵孟頫，明代开国功臣、明初诗文三大家之一的刘伯温，陆王心学集大成者王阳明，"三百年来第一流"的龚自珍，近代国学大师王国维，中国现代文学奠基人鲁迅，中国革命文艺奠基人茅盾，新月派诗人徐志摩……文化名人，名人文化，他们不仅留下了宝贵的精神财富，更成为浙江文化中的基因序列，高度凝练了其所在城市的精神文明。

由此可见，浙江不乏文化资源，关键在于浙江省域文明新实践如何用好浙江的文化资源，如何让优质的文化资源在新时代焕发生机，多方面、广渠道为文化浙江的打造贡献应有之力。同时，"浙产文化精品力作""数字赋能"、文化人才"选管育用"全链式服务机制、之江文化产业带等系列重大项目和体制机制，也将协调发力、共同推进，更好地发挥出文化铸魂、塑形赋能的能量，这些都构成浙江省域文明新实践的重要内容。

（三）省域文明与公民道德

省域文明新实践的目标是人的现代化。人是文明的践行主体，也是文明的最终目的。浙江省委、省政府于2020年4月17日颁布实施《浙江省新时代公民道德建设实施纲要》（以下简称《纲要》），旨在"切实加强公民道德建设，大力弘扬社会主义核心价值观，推动公民道德素质和全社会文明程度上一个新台阶"[①]。《纲要》共包含七个部分，从总体要求、筑牢理想信念根基、深化道德教育引导、推动道德实践养成、抓好网络空间道德建设、发挥制度保障作用、完善组织保障体系等方面作出全局部署，并在组织体系、实践活动等方面充分展现了浙江特色。

浙江省公民道德建设现状与未来走向构成了省域文明新实践关注的焦

---

① 《浙江省新时代公民道德建设实施纲要》，浙江在线，2020年8月3日，https://cs.zjol.com.cn/202008/t20200803_12189822.shtml。

点,因为"道德建设是在一定道德意识的指导下,根据一定的道德原则和规范要求,为培养社会成员的道德品质、提升社会道德水平而进行一系列有目的、有措施的现实的道德活动"①。离开了道德建设,将很难形成良好的社会道德和个人道德,社会主义道德建设要在社会公德、职业道德、家庭美德和个人品德建设等方面重点发力。

第一,通过省域文明新实践,为社会公德的实现打造良好的社会环境。"社会公德是社会主义道德体系的基础层次"②,"是全体公民在社会交往和公共生活中应遵循的行为准则,涵盖了人与人、人与社会、人与自然之间的关系"③。社会公德的建设,既需要每一位公民的全情参与,也需要一定的制度保障。省域文明新实践以良好的文明风尚塑造社会公德,也为社会公德的实践创造良好的外部环境。

第二,通过省域文明新实践,规范职业道德。"职业道德是指从事一定职业的人员在职业生活中应当遵循的具有职业特征的道德要求和行为准则。"④职业道德既有一般的道德特征,又有自身鲜明的特点,常常涉及对个人与集体两者利益的考量,也勾连着个人品德和社会公德。省域文明新实践以新的样式和新的实践方式规范人的职业道德精神,使人们养成职业素养。

第三,通过省域文明新实践,发现新时代家庭美德的新特点。家庭美德主要体现在夫妻、长幼和邻里三种关系之间,虽更侧重个人私德,却也深刻影响着社会的稳定和谐,因为家庭作为社会的细胞不会单独割裂存在,而是与万千家庭一起组成社会。省域文明新实践在弘扬家风精神的传承中发现新时代家庭的新特点,培养人在家庭中应该养成的新时代美德。

第四,通过省域文明新实践,全方位地养成个人品德。个人的思想素

---

① 《伦理学》编写组:《伦理学》,高等教育出版社2011年版,第310页。
② 《伦理学》编写组:《伦理学》,高等教育出版社2011年版,第317页。
③ 《公民道德建设实施纲要》,人民出版社2001年版,第8页。
④ 《伦理学》编写组:《伦理学》,高等教育出版社2011年版,第322页。

质和道德品质构成了个人品德，个人品德建设是道德建设的基石，能够让社会公德、职业道德、家庭美德融合协调发展，因此，无论哪种道德建设，最终都会指向个人品德建设。在个人品德建设方面，个体虽然能发挥主观能动性，但实际上也无法与时代、社会脱离，就此而言，个人品德建设能够推动社会道德建设。省域文明新实践的目标是关注社会的每一个个体，让个人成为文明的受益者和创造者，以现代人的精神迎接和创造我们的现代化。

二、"浙风"的科学内涵、基本原则和内在逻辑

风，有风尚、风气、风俗之意。"浙风"的六个方面内容，既包含了对浙江传统社会优良风俗的继承，也包含了浙江新时代文明风气和风尚的创建。

（一）"浙风"的科学内涵

2006年，时任浙江省委书记习近平同志发表题为《与时俱进的浙江精神》的署名文章，将浙江精神概括为"求真务实、诚信和谐、开放图强"十二字。"浙风"是浙江精神的延续和表达，是新时代的社会风气，集中体现浙江的价值观念、文化内涵、人文素养。"浙风"六个方面内容的科学内涵如下。

第一，以"爱国爱乡"之风凝聚新时代浙江人的共同体意识。作为个体的人总是来自家庭、故乡、国家，个体总是生活在群体之中。从这个层面上讲，爱国爱乡体现了人世间最深层、最持久的情感。家乡是家族世代居住的地方，是生命的摇篮和心灵的港湾，家乡保留着一个人最珍贵的儿时记忆和最难以割舍的牵挂。爱乡就是将爱国聚焦于某一具体的地方，与爱国一脉相承又延续铺展。

第二，以"科学理性""书香礼仪"之风成就新时代浙江人的修养。

"科学理性"即崇尚科学，理性思考。强调"科学理性"，是希望广大公民能够具有科学精神，不断进步，用理性的眼光看待事物，辨别是非，面对社会上一些不科学、不理性的风气能够及时拒绝，并力所能及地传播科学知识。要做到科学理性，就要读书和思考，即"书香浸润致久远，礼仪修身成君子"[1]。现代社会是科学技术迅速发展的社会，人们必须具备基本的文化素养和科学理性精神，这不但关乎现代社会礼仪文化的形成，也关乎人自身能否适应现代社会生活。

第三，以"唯实惟先""开放大气"之风彰显新时代浙江人对文明发展的态度。唯实，是忠诚务实、脚踏实地；惟先，是走在前列、勇立潮头。这不仅是浙风的科学内涵，同样也是浙江人一以贯之的精神品质。获"地球卫士奖"的"千万工程"、"山海协作"发展机制、"最多跑一次"数字化改革，无不展现了浙江立足省情实况，在尊重客观事实的基础上大胆突破、奋勇争先的精神。浙江，是改革开放的先行地，思想的开放赋予浙江人大胆突破、勇于尝试的积极实干品质。长期以来，浙江人坚持解放思想，力求改革创新，兼收并蓄，共创共享，打造出的"浙江样板"，摸索出的"浙江经验"，生动体现着浙江人抬头赶潮流的格局和视野、融合拓展的进取和气魄。

第四，以"重诺守信"筑牢新时代浙江人的文明底线。重诺守信是公民基本道德品质之一，是浙江精神"诚信"在"浙风"中的具体体现。"信"既有"信念"的含义，也有"不欺诈"的含义。正如蔡元培先生所言："夫人与人之关系，所以能预计未来，而一一不失其秩序者，恃有约言。约而不践，则秩序为之紊乱，而猜疑之心滋矣。"[2]重诺守信不但是个人的

---

[1] 截至2020年，浙江四度蝉联全国省域书业销售"龙头"桂冠，还把全国书业的省域销售"峰值"提升至百亿新级阶。浙江以106.18亿元的销售额，创下全国省域书业年度出版物纯销售首逾百亿的纪录，成为全国书业第一个年纯销售百亿强省。这反映了浙江人对阅读的喜爱与重视，说明阅读的良好社会风气在浙江的盛行。

[2] 蔡元培：《中国人的修养》，中国长安出版社2012年版，第25页。

立身之本，而且是社会有序运转的动力。从个体德性到人与人的良性互动，再到社会的和谐有序，都要确立并坚守"重诺守信"的文明底线。"人而无信，不知其可也"，是否重诺守信是我们判断一个人是否可以交往的准则之一；"言必信，行必果"，重诺守信是我们做事的态度。"重诺守信"不仅是人与人交往时的底线，更是发展市场经济、建设文化浙江的文明底线。

（二）"浙风"的基本原则

"浙风"的六个方面内容遵循文明建设与文化发展的基本原则，不断推进实现人的现代化的目标。具体来说，有以下四项基本原则。

第一，守正创新。守正，即守正道（规律）、守正理（科学）、守正规（制度）、守正义（伦理）；创新，即创理论之新、创实践之新、创制度之新、创文化之新。[①]而"浙风"本身就是一个守正创新的概念，在原有的浙江风尚、浙江精神等优秀文化的基础上，结合浙江省情、时代特征，提出新目标，推进新举措，绘就新图景。

第二，德法并举。习近平总书记曾强调"要既讲法治又讲德治，重视发挥道德教化作用，把法律和道德的力量、法治和德治的功能结合起来"。德治是一种自律，约束人们的内心世界，属于治本；法治是一种他律，约束人们的外在行为，属于治标——两者分工不同但能互相影响、互相作用，从而达到更好的治理效果。"德治与法治的共存还在于道德从根本上赋予了法治伦理属性和精神。法治中所蕴含的平等、正义、自由、民主等理念也是我们所普遍认同并不懈追求的道德价值。"[②]"浙江有礼"省域文明新实践最终体现为社会文明之风，也就是人的德治。"浙风"实践的开展离不开法治浙江、平安浙江的支撑，"浙风"实践的德治之果亦会向法治浙江、平安浙江转化，具体落实为基本的法规制度。

[①] 参见田鹏颖：《"守正创新"的方法论意义》，《辽宁日报》2019年9月16日。
[②] 李建华：《论德治与法治的协同》，《湖湘论坛》2017年第5期。

第三，知行合一。"知者行之始，行者知之成。"要打造在全国具有重要影响力的精神文明高地，"浙风"不仅要吹入人心，更要见于行动。只有将文明思想转化为文明行动，才算文明到位。根据《关于推进"浙江有礼"省域文明新实践的实施意见》，到2025年，浙江人适应新时代要求的思想观念、精神面貌、文明风尚、行为规范须进一步彰显，而这些都是需要"知"与"行"的共同作用才能达到的。

第四，数字赋能。数字赋能是浙江近些年工作的亮点和重点，随着数字赋能的全面推进，各行业都取得了一系列显著成效。时任浙江省委书记袁家军强调，要数字赋能，不断深化"数字浙江"建设，在以政府数字化转型带动经济治理的基础上，带动文化文明治理的转型。可以说，浙江省的文化建设先行者意识到数字已经成为现代社会的要素，改变着社会的基本结构和社会交往系统。数字赋能领域增加，通过数字赋能，可以更好地满足人民对精神文化的需求，赋予人更好的生活能力。因此，需要加强数字赋能，让"浙风"建设更加智能化，从而更好地推进"数字赋礼"。

（三）"浙风"的内在逻辑

"浙风"即爱国爱乡、科学理性、书香礼仪、唯实惟先、开放大气、重诺守信的时代新风，不但是"浙江有礼"省域文明新实践的具体内容，而且以人的现代化为核心，蕴含着科学的内在逻辑。

第一，"浙风"以人的现代化为核心，为人民的美好生活提供文化环境保证。"中国特色社会主义道路是创造人民美好生活、实现中华民族伟大复兴的康庄大道。"[1]这样的美好生活以人民为核心，"是物质生活和精神生活协调发展，协同迈向更高文明的生活状态"[2]。美好生活的实现离不开

---

[1] 《中共中央关于党的百年奋斗重大成就和历史经验的决议》，《人民日报》2021年11月17日。

[2] 杨仁忠、李宗省：《新时代"美好生活"的理论内涵、逻辑依据及实践要求》，《理论探讨》2022年第4期。

第五章 "浙风十礼":浙江省域文明新内涵

"礼",因为"礼"规范人们的言行、维护社会秩序、促进社会治理、展现社会文明。"浙风"不仅是美好生活的具体要求,同时也是构建浙江人美好生活的重要精神保障,在这样的时代新风引领下,各方根据实际要求共同努力、积极落实,协同创造美好生活。这种文化环境可以保证依循个人品德的养成规律和社会风俗的形成规律来践行具体的"十礼"。

第二,"浙风"遵循个人品德的养成规律,在日常生活中使人养成良好的个人品德和社会公德。"浙风"规范性的要求,体现在人的言行举止之中,使人在良好的行为习惯中成为好人,"浙风"注重人的行为习惯的养成,突出现实实践对人的德性养成的作用,也就是"一个人的实现活动怎样,他的品质也就怎样"[1]。人们根据"浙风"的指引,努力达到"浙风"的要求,在生活、工作中秉持"浙风"的具体要求,不仅能规范自身的行为,而且能完善自身的道德品质。

第三,"浙风"遵循社会风俗形成与演进的规律,积极将传统的文明礼仪融入新时代,推进现代文明的发展。"风俗,既是道德生活的表征之一,又是道德生活的重要维系手段。"[2] 风俗的形成需要时间的积淀,不会突然发生重大的转变,而是循序渐进,逐渐融合发展。因此,新时代社会风俗习惯的形成可以理解为一种守正创新的过程,是传统浙江风俗、风尚在新时代的新表达。"浙风"所大力倡导的爱国爱乡、科学理性、书香礼仪、唯实惟先、开放大气、重诺守信的时代新风,在以往提及的浙江精神、传统浙江人文素养、浙江民风特征中都有所体现,"浙风"则是将散落在各处的优良风尚基因重新整合排列,从而形成具有时代特色、集中反映浙江新风气的时代新风。根据时代背景、社会情况的实际表征,"浙风"的侧重点落在思想观念、精神面貌、文明风尚、行为规范上,以人的现代化

---

[1] [古希腊]亚里士多德:《尼各马可伦理学》,廖申白译,商务印书馆2003年版,第37页。

[2] 高兆明:《存在与自由:伦理学引论》,南京师范大学出版社2004年版,第43页。作者还提出风俗包含礼仪、风尚、习惯、禁忌、传统等几方面内容。

为核心，实现浙江人思想道德素质、科学文化素质、身心健康素质显著提升，形成务实、守信、崇学、向善的共同价值追求。

三、"十礼"的行为规范、价值维度和培育路径

与"浙风"相比，"十礼"突出强调人们行为中的"礼"，也就是重在以行为规范的方式突出"礼"的规范性要求、价值意蕴以及可能的培养路径。

（一）"十礼"的行为规范：何谓"十礼"

"十礼"，指崇尚、践行十种礼节礼行。"礼"是"德"的外化，"德"是"礼"的内蕴。道德通过礼仪展现在行为中，礼仪正是有道德在心中约束才能自然呈现。"十礼"对社会公德、家庭美德、个人品德等提出了要求，涵盖了人与人交往的方方面面，能够体现在公民的日常生活之中。

第一，敬有礼——拥党护根脉、爱国爱家乡。"敬"，从最早的原始宗教情感逐渐发展出礼乐文明的道德自律和主体道德情感，有尊重、谨慎之意，通常用于形容谦恭有礼，后引申为做人的基本准则之一。因此，"敬"作为"有礼"的第一礼，有其天然的道德使命，奠定了"十礼"的主基调，并且，"敬"的对象是中国共产党、中华人民共和国以及道德主体的家乡，是一种由内而外油然而生的道德情感。拥党护根脉、爱国爱家乡，可以理解为对党、国家、家乡保持敬重，并发自内心地去热爱它们。[1]

第二，学有礼——全民学礼仪、知书又达礼。"学"，有学习、模仿、学问的意思，"学有礼"是指通过学习、模仿相关礼仪，达到知书达礼的效果。虽然礼仪在人际交往中扮演着重要的角色，但是许多公民并没有特

---

[1] 在"浙江有礼"省域文明新实践中，涌现了大量先进事迹，例如"放牛班的春天"的校长陈立群、打造农村新标杆的"倒贴书记"苏德生等。

意去学习礼仪，部分公民对礼仪并不在意乃至全然不顾，给人留下粗鲁无知的印象，有碍于人际交往和个人发展，甚至影响社会风貌。"十礼"将"学"摆在第二位，旨在先通过广大公民学习礼仪，形成"有礼"的框架，再由外而内，借由耳濡目染真正做到知书达礼。腹有诗书气自华，行有礼仪能致远，学习礼仪，不单是学习外部动作，不少礼节礼行闪耀着中华优秀传统文化的智慧光芒，需要公民理解其中的深意，方能达到物质层面和精神层面的双重提升。

第三，信有礼——重信守承诺、立身又立业。诚信除了是一种道德要求，也是浙江人的"精神标签"。人无信则不立，业无信则不兴，诚信可以说是公民的第二张身份证。诚实守信是中华民族的传统美德，也是人与人交往的基本准则之一，无论是修身、齐家、交友还是从政、经商，都离不开诚信。"诚""信"二字虽然一同出现，实则各有侧重："诚"更偏向个人的道德品质，诚实、真诚；"信"则偏向"诚"这一道德品质的外化，更强调人与人之间的信用。"信有礼"，是希望公民在信守承诺方面做到有礼节，看重自己的信用，遵守自己的承诺，更好地立身立业。

第四，亲有礼——传承好家风、相亲又相爱。"亲有礼"的关键在于家风，因此，这里的"亲"可以理解为亲人、亲近，即亲人之间保持应有的礼节礼行，相亲相爱，才能形成良好的家风代代相传。家风是一种柔性的约束和引导，具有很强的可效仿性和可传承性。家风是家庭美德的集中呈现，而家庭是社会的最小结构单元，因此家风不仅是家庭内部的事，而且事关整个社会的风貌。

第五，行有礼——言谈有礼貌、出行讲秩序。"行有礼"，指的是行为要符合礼仪礼节。言谈有礼貌，一次有礼貌的沟通交流，能让双方如沐春风，增进沟通效果。这里所说的"有礼貌"并不是假客气，而是在相互尊重的基础上注意基本的礼节，例如碰面时互相握手问好，说话时看着对方的眼睛，语调不高不低，语速适中，使用"您好""请""谢谢""对不起""再见"等礼貌用语，倾听对方说话时微笑或点头示意等。如果双方地位不平等，一方趾高气昂，一方唯唯诺诺，那就很难达成平等的共识。出行讲秩序，一方面需要公民遵守相关的法律法规；另一方面需要公民具有规矩意识，做到礼让。

第六，帮有礼——随手做志愿、邻里相守望。"帮有礼"，是希望公民在日常生活中做到尽己所能伸出援助之手，人人都是志愿者。奉献友爱、互助进步的志愿精神不仅流传在大街上，更要体现在亲朋相邀和邻里相扶之中。互助友爱的邻里关系除了能增进邻里之间的情感，还能够促进和谐社会的发展。在随手做志愿、邻里相守望中，公民遵循礼仪规范，做到有礼有节、张弛有度，将"帮"做得恰到好处。

第七，仪有礼——节庆崇简约、办酒不铺张。"仪"，有法度、礼法之意，又引申为按程序进行的礼节，"仪有礼"中的"仪"可以理解为广义的仪式，包含喜事、丧事、节庆、宴会等，意味着公民在这些节点举办的仪式要符合现代礼仪规范。通常来说，仪式能够将节庆与日常生活区分开，增进人与人、人与文化、人与自然等之间的交融，理应将节庆的文化内核摆在首位，但随着经济社会的发展，不少仪式逐渐偏离了初衷，或沦为金钱的游戏，或体现封建糟粕思想，攀比严重，铺张浪费，增加了社会和民众的负担。生活中的仪式感不可或缺，但要在力所能及的范围之内，秉持节约理念，根据自身实际情况，在礼仪法度下操办。①

第八，网有礼——上网要节制、传播正能量。随着互联网的普及，中国网民数量居世界第一。中国互联网络信息中心发布的《第49次中国互联网络发展状况统计报告》显示，截至2021年12月，我国网民规模达

---

① 比如，2017年乐清向千年陋习全面宣战，丧葬礼俗"五个不超""五个禁止""五个规定"等行为规范被纳入村规民约，骨灰堂建设稳步推进，丧葬费用直线下降，丧事简办、文明办丧成为新风尚，社会风气明显净化好转，厚养薄葬的新民风渐入乐清百姓家。

10.32亿人，较2020年12月增长4296万人，互联网普及率达73.0%。[①]网络给我们的生活带来了很大的便利，也丰富了我们的娱乐方式，但部分网民沉迷网络无法自拔，给自己、他人造成了不良影响。例如出行时沉醉手机网络世界，不看路，不关注道路交通安全；家庭或朋友聚会时捧着手机不放；大学课堂上，学生低头玩手机，无人听讲……一个个事例背后的原因都是上网不节制，这样的行为还给未成年人造成了不好的示范。据统计，截至2021年12月，我国未成年网民达1.83亿人[②]，家庭是未成年人上网的主要场所，家长是影响未成年人上网行为的重要因素，家长的上网行为以及家长对未成年人上网的引导和管理方式直接影响着未成年人的上网行为和习惯。"网有礼"旨在引导广大网民有礼有节，做到理性表达、文明交流、守法自律，养成文明的网络素养。

第九，餐有礼——用餐要光盘、聚餐用公筷。餐桌礼仪源远流长、大有讲究，据文献记载，我国在周代就已形成一套完备的餐饮礼仪制度。"十礼"中的"餐有礼"，指的是在传统餐饮礼仪的基础上，还要注意新时代的两大用餐礼仪：光盘和使用公筷。光盘的要旨不但在于吃光盘子里的食物，而且在于改变人们的就餐观念；出于健康安全的考虑，使用公筷无疑是文明餐桌的优选。

第十，乐有礼——文明伴游乐、有序观赛演。随着生活水平提高，不少公民选择在节假日或者业余时间外出游玩放松心情，或亲近自然，或观看比赛、演出，陶冶情操，感受人文魅力。在娱乐、游乐时，人处于放松状态，但也要注意保持礼节礼行，时刻牢记"文明"二字，树立文明出游意识，维护环境卫生，遵守公共秩序，保护生态环境，保护文物古迹，爱惜公共设施，在观看比赛、演出的时候注意秩序，遵守相关规定，尊重选

---

① 参见中国互联网络信息中心：《第49次中国互联网络发展状况统计报告》，2022年，第1页。

② 参见中国互联网络信息中心：《第49次中国互联网络发展状况统计报告》，2022年，第27—28页。

手、演员。比如,"浙风十礼"实践倡导的文明出行游西湖与文明观演等,均取得了一定的成效。据不完全统计,文明观演的倡议在各大平台吸引了数万网友留言,他们不但积极参与话题讨论,而且为营造良好的观演氛围献计献策。如今,对文明的呼唤已经从剧场扩展到电影院、图书馆等更多公共场所,不文明观演行为也显著减少。

(二)"十礼"的价值维度:"礼"在何处

"礼"在人们的言行举止之中。如果继续追问"十礼"源于何处,我们不从起源论和发生学的角度进行讨论,而致力于从价值维度定位"十礼"。

第一,"十礼"的价值维度指向个人道德和成为一个现代的人。道德,主要指个体内心所重视和恪守的准则与价值[1],强调内在性。"十礼"首先要得到人们的认同、重视,继而才能成为人们恪守的准则,最后体现在日常生活中。"浙江有礼"省域文明新实践要求让"浙江有礼、从我做起"成为全民行动自觉,因此,"十礼"的第一价值维度就体现在个人道德建设中,希望人们从"十礼"所倡导的十个方面做起,遵守礼节礼行,完善个人道德。"敬有礼""学有礼""信有礼""亲有礼"主要强调个人道德,侧重加强个人道德建设,让公民在"礼"的规范要求下养成个人美德,并积极追求属于自己的幸福人生。

第二,"十礼"的价值维度指向伦理关系和中华民族共同体意识。行为总是发生在具体的伦理关系之中,这要求:现代人除了要具有个体美德,还要具有公民伦理。"公民伦理是人们在公共交往中形成的习惯和基于这些习惯而在观念中建构的、被视为常识的和相互有效的彼此对待的方

---

[1] 参见廖申白:《论公民伦理——兼谈梁启超的"公德"、"私德"问题》,《中国人民大学学报》2005年第3期。

式、态度等等。"①一方面，相较于更偏个人的道德而言，伦理更强调交互性，更具强制性和外在性；另一方面，现代人要合理区分私人空间与公共空间。在"公共空间中，注意如何与'生人'相处，体现对他人的尊重和自重，在公民伦理或者说社会公德中培育个人美德或者说私德"②。个人道德和公民伦理不能独立存在，两者相辅相成，互相影响。"十礼"在继承传统礼仪文明的基础上进行革新，在人与人之间的交往、互动中增强中华民族共同体意识。

第三，"十礼"的价值维度指向现代生活的发展方向，尤其是网络化、技术化的生活。社会风俗受时代特征、发展方向等因素的影响而变化，它不是一成不变的。习近平总书记在2018年两院院士大会上的重要讲话中指出："世界正在进入以信息产业为主导的经济发展时期。我们要把握数字化、网络化、智能化融合发展的契机，以信息化、智能化为杠杆培育新动能。"③随着科技的发展，网络化、技术化逐渐成为现代生活的发展方向，社会风尚的发展变迁必然受这一发展方向的影响，如何把"礼"与网络化技术化的生活结合，或者说如何在网络化技术化的生活中融入"礼"，成了值得深思的问题，而"十礼"恰恰关注到这一问题，根据现实情况提出了不同方面"礼"的要求，包容性强，涵盖面广，尤其是"网有礼"，针对公民文明上网作出了一定的要求和引导，因为打造风清气正的网络空间离不开每一个网民的支持和努力。

---

① 廖申白：《论公民伦理——兼谈梁启超的"公德"、"私德"问题》，《中国人民大学学报》2005年第3期．
② 陈家琪：《再谈公德与私德》，《人民教育》2014年第4期。例如，"敬有礼"的"敬"，首先是一种个人情感，存在于个体之中，当人人都"敬"时，便成为一种社会风尚，体现在人与人的交往之中，社会形成了这样的风气，反过来又会强化每一个个体心中的"敬"，形成正向循环。
③ 徐宗本：《把握新一代信息技术的聚焦点》，《人民日报》2019年3月1日第9版。

（三）"十礼"的培育路径：如何行"礼"

"十礼"的文明实践过程就是培育如何行"礼"的过程。"礼"在行为习惯中，行为习惯养成"礼"，这是一个相辅相成的培育和教化的过程。

第一，凝聚有礼之魂，培育人们对"十礼"的价值认同。习近平新时代中国特色社会主义思想是引领全党全国各族人民团结奋斗的思想之旗，是推进"浙江有礼"省域文明新实践的精神之魂。这方面的具体举措有：实施科学理论走心工程，依托新时代文明实践中心等阵地，拓展理论常态化进基层的有效途径，推进"我在之江学新语"等群众性学习宣传活动，推广"8090新时代理论宣讲"等基层宣讲品牌，推动习近平新时代中国特色社会主义思想"飞入寻常百姓家"，引导干部群众切实增强"四个自信"，忠诚拥护"两个确立"，坚决做到"两个维护"；实施红色基因传承工程，结合学习党的百年奋斗重大成就和历史经验，大力弘扬伟大建党精神和红船精神，构建浙江红色精神谱系，赓续"红色根脉"；开展理想信念教育，深入开展中国特色社会主义和中国梦教育，大力开展党史、新中国史、改革开放史、社会主义发展史教育；培育和践行社会主义核心价值观，大力弘扬与时俱进的浙江精神，礼敬中华优秀传统文化，传承践行浙江好家风，培树爱国爱乡、忠诚担当的家国情怀，激发勇立潮头、敢为人先的精神风貌。

第二，营造有礼生态，培育人们行礼的社会环境。良好的有礼生态，是厚植有礼观念、养成有礼行为的丰润滋养。这方面的具体举措有：开展典型引领行动，常态化开展道德模范、时代楷模、身边好人、新时代好少年、文明使者、之江美丽心灵等先进典型选树，构建有礼典型矩阵；完善从发现、培育、选树到褒奖、宣传、践行全链条的工作闭环，深化"最美浙江人"品牌建设，形成"德者有得、好人好报"的社会风尚；深化"双万结对　共建文明"活动，开展"浙江有礼　携手文明"活动；实施诚信文化普及行动，推进自治、法治、德治、智治"四治融合"，深化诚信宣传教育，大力倡导诚信立身立业，健全"最美诚信浙江人"选树机制，实施浙江信用"531X"工程,完善守信联合激励和失信联合惩戒机制,提高全社会诚信意识和信用水平;开展网络清朗行动,实施网络内容建设工程,建设网络高雅文化,创新网络文明实践,壮大网上正能量;强化网络综合治理,深化网络生态"瞭望哨"工程,防范青少年网络沉迷,营造清朗网络空间,加强全省文明网站矩阵建设。

第三,推进有礼实践,培育人们作为行礼的社会主体意识。积极践行是推动"浙江有礼"从认知认同到行为自觉的必由之路。这方面的具体举措有:开展"全民学礼、人人代言"行动,坚持线上线下结合,广泛开设有礼讲堂,发动志愿者积极参与,在全社会大力普及现代文明礼仪规范,大力弘扬优秀传统礼仪礼俗,形成人人学礼的浓厚氛围;组织动员广大群众积极参与全域文明创建、新时代文明实践,各行各业开展"我为浙江有礼代言"活动,广泛践行"十礼",形成人人争当有礼代言人的生动场景;大力开展社会宣传,实施"浙江有礼"公益广告大征集、大推广;打造一批有代表性的有礼文化地标,营造处处见礼、正气充盈的社会环境;开展"窗口看齐、礼迎亚运"行动,推进志愿服务精准触达体系改革,推动各行各业结合实际把有礼元素融入行业规范,窗口单位、文明单位、实践站点等示范践行文明礼仪、提供优质服务、引领文明新风;广泛开展"迎亚运讲文明树新风"主题活动,展现浙江人彬彬有礼、互助共进的亮丽风采;实施"十百金名片"培育行动,持续深化"浙江好家风、礼让斑马线、聚餐用公筷、随手做志愿、重信守承诺、垃圾要分类、邻里讲和睦、爱心暖厨房、办酒不铺张、带走半瓶水"等十大文明行动;各市、县结合地域文化基因与工作基础,揭榜挂帅、比学赶超,实现"一县一品",形成各美其美、美美与共的璀璨有礼星空。

第四,推介有礼品牌,培育"礼"的社会效应。品牌具有强大的牵引力、影响力、感召力,对增进群众认知认同、增强归属感发挥着重要作用。这方面的具体举措有:实施"品牌可视"行动,建立"浙江有礼"品牌识别系统,在对外宣传中统一使用、推介,在城市景观、交通节点、公共交通工具、主要公共场所中广泛使用，鼓励各地在推广各自品牌形象时前置"浙江有礼"品牌，发挥集成效应；实施"基因解码"行动，总结研究、解码浙江文明现象，构建"浙江有礼"话语体系，打造媒体宣传、市场推介、网络推广、节事活动等立体化传播格局，加强国际传播与国内品牌推广，讲好有礼浙江故事；全方位开展"浙江有礼"文化推广，重点推出"文明浙江"丛书，编排主题文艺节目，创作品牌主题歌曲，摄制专题纪录片，开发特色文创产品等；加大国内国际课题研究与交流，举办"浙江有礼"高端论坛。

第五，推动数智赋礼，以数字化培育"礼"的现代评价体系。数智赋礼是推动"浙江有礼"可视化、可量化的重要举措，是推动工作高效闭环运作的有效手段。这方面的具体举措有：以数字化改革推动精神文明领域系统性重塑，构建集文明实践、志愿服务、文明创建、典型选树、诚信建设等于一身的"浙江有礼"数智体系；对接运用各类民生场景应用，统筹文明实践阵地、平台、资源，建立文明实践数字地图；建好用好"数智文明创建""志愿浙江""文E家""浙里最美""邻里帮"等场景应用；构建浙江"有礼指数"数字化标准体系，打造集数据收集、分析和评估功能于一身的系统化、可视化"浙江有礼"评价体系。

第六章

化风成俗：
打造知行合一的『有礼』实践矩阵

浙江有礼——共同富裕社会的"文明密码"

"夫礼,天之经也,地之义也,民之行也。"(《左传·昭公二十五年》)中华民族素有"礼仪之邦"的美誉,"礼"是中华文化的核心之一。五千余年的中华文明源远流长,在创造灿烂文化的同时,也形成了中华民族高尚的道德准则、完整的礼仪规范和优秀的传统美德。进入新时代,扎实推动共同富裕是全面建设中国特色社会主义现代化国家的根本任务。习近平总书记强调,"共同富裕是全体人民共同富裕,是人民群众物质生活和精神生活都富裕"。为促进人民精神生活共同富裕,近年来,浙江省围绕群众需求,整合各类资源,创新活动形式,从多方面积极探索文明实践之路,努力为全国促进人民精神生活共同富裕提供可复制、可推广的经验借鉴。

2022年2月7日,浙江省委召开高质量发展建设共同富裕示范区推进大会,推进"浙江有礼"省域文明新实践被列为十大标志性成果之一;2月16日,浙江省精神文明建设委员会印发《关于推进"浙江有礼"省域文明新实践的实施意见》,对推进"浙江有礼"省域文明新实践作出具体部署。当前,浙江省正着力推进全域精神文明建设,实施"浙江有礼"省域文明新实践行动,依托新时代文明实践中心等阵地,大力倡导爱国爱乡、科学理性、书香礼仪、唯实惟先、开放大气、重诺守信等"六风",崇尚践行敬有礼、学有礼、信有礼、亲有礼、行有礼、帮有礼、仪有礼、网有礼、餐有礼、乐有礼等"十礼",让"有礼"成为浙江最具标志性的成果和最具辨识度的标志之一。如今,一颗颗新时代"有礼"实践的"种子"已扎根浙江,在浙江大地上悄悄发芽、开花、结果。

第六章 化风成俗：打造知行合一的"有礼"实践矩阵

一、强化价值引领：创建"有礼"城市新风的浙江经验

"有礼"是城市的精神文化，是一座城市的灵魂，彰显着一座城市的魅力与温度，度量着群众的幸福指数。"有礼"一直是浙江人引以为傲的文化基因，浙江在不断总结文明城市创建经验做法的基础上，进一步深化全域文明创建，拓宽文明城市创建内涵，让"礼"内化于心、外化于行，使得群众素质和城市文明程度不断走高。2020年，浙江成为首个全国文明城市设区市全覆盖的省份，也是全国唯一连续两届参评城市全部获牌的省份。当前，"红船领航""最美浙江人"等文明实践活动引领着城市文明新风尚，推动着"有礼"从认知认同逐步走向行为自觉，已逐渐形成具有全国影响力和浙江辨识度的"有礼"品牌。

（一）红船领航，赓续红色根脉

嘉兴的历史文化和革命文化源远流长。七千年文脉绵延不绝，一百载奋斗生生不息，凝聚了这座城市的"根"与"魂"。当前，嘉兴市正在打造一批富含红船起航地"有礼"基因的特色品牌，力争到2025年，全市"有礼指数"达95分以上，文明好习惯养成率90%以上，社会诚信度达96%以上，全国文明典范城市引领力持续提升，让"礼仪之邦"成为嘉兴新时代城市名牌，让"人人有礼"成为共同富裕典范城市的鲜明标志。

作为中国革命红船起航地，嘉兴"红船领航"市域文明实践就是要从红船起航地的政治高度，继承鱼米之乡、丝绸之府、礼仪之邦的有礼传统，弘扬"勤善和美、勇猛精进"的新时代嘉兴人文精神，凝聚共富之力，彰显"浙江有礼"在嘉兴市域的生动实践。为此，嘉兴市推进全域实践，打造"浙江有礼"文明场景。

一是打造"时时学礼"的学习场景。思想是行动的先导，思想认识到位是做好一切工作的前提和保障。嘉兴市着眼于提高全民思想道德素质、科学文化素质和身心健康素质，结合时代特点，大力弘扬伟大建党精神和

红船精神,建立嘉兴红色精神谱系,构筑"红色基因库",开发、挖掘红色资源,赓续"红色根脉";始终把学习、宣传、贯彻习近平新时代中国特色社会主义思想作为首要政治任务,深入实施"铸魂""溯源""走心"三大工程,推动习近平新时代中国特色社会主义思想融入理论舆论、文化文明、网上网下,全力筑牢全社会齐心奋斗的共同思想基础;大力实施"禾城文化复兴"行动,高质量推出"红船起航"主题展,创作红色文艺精品力作,打造"红色资源在线"数字化场景应用,极大提升城市凝聚力。自2013年起,嘉兴市在全国首创道德讲堂总堂,以社会主义核心价值观为引领,大力加强公民思想道德建设。近年来,嘉兴市又推出"百座有礼地标、千场有礼讲堂、万人有礼代言"活动,让更多人参与全域文明典范创建;编创有礼课程、《浙有十礼》地方读本;将"浙风十礼"纳入机关夜学和群众性节日活动,开展"红船有礼讲堂"宣讲和"有礼大家谈"等活动,激起全民学礼热情,形成学礼浓厚氛围。知必行达,行必深入,"时时学礼"的浓厚氛围日渐形成,就能推动"红船领航"市域文明实践真正做到知行合一,就能激发全民"有礼效应"。

二是打造"处处见礼"的示范场景。嘉兴市着力建设"十个一"有礼城市,提升城市形象与市民素质。"十个一"有礼城市指的是一座"爱党护根脉"的城市、一座"礼让斑马线"的城市、一座"停车守规矩"的城市、一座"排队一米线"的城市、一座"聚餐用公筷"的城市、一座"带走半瓶水"的城市、一座"盲道保通畅"的城市、一座"牵绳再遛狗"的城市、一座"烟头不落地"的城市、一座"没有牛皮癣"的城市。此外,嘉兴市还以"浙风十礼"为主要内容,运用三毛、菱娃形象和秀洲农民画、丰子恺漫画等形式,推出百组有礼公益广告,让"有礼"处处看得见、摸得着。同时,为更好地发挥榜样的引领示范作用,传播正能量,嘉兴市常态化开展道德模范、身边好人、最美诚信嘉兴人、新时代好少年、最美人物、劳模工匠等先进典型选树宣传,完善从发现、培育、选树到褒奖、宣传、践行全链条工作闭环,构建"有礼"典型矩阵,如每两年开展一届市

第六章　化风成俗：打造知行合一的"有礼"实践矩阵

级道德模范评选表彰活动，每月开展嘉兴好人榜评选活动，打造好人卡、好人榜、好人墙、好人公园等公民道德建设品牌，放大好人效应，在全社会营造关爱好人、礼遇好人的浓厚氛围，形成"德者有得、好人好报"的社会风尚。

三是打造"人人守礼"的实践场景。为了让"有礼"成为每一个嘉兴人的自觉行动，嘉兴市开展"争做有礼代言人"活动，全面打造"红色志愿之城"金名片，擦亮"96345"志愿服务品牌，试点建设"浙志援"等应用程序，深化新时代"网格连心、组团服务"，把党小组建在9.2万多个微网格上，力争将"有礼"浸透在灵魂里、落实在行动上、体现在细微处，构成红船起航地世代传承、相沿不辍的优秀文化基因与文化传统。例如，为了让全民学礼代言，嘉兴市依托新时代文明实践中心（所、站）、文化礼堂、复兴少年宫等阵地，采取线上线下相结合的方式，开设有礼讲堂，举办讲堂活动；发动志愿者深入基层积极参与有礼宣讲志愿服务；组织动员广大群众积极参与全域文明创建、新时代文明实践；引导各行各业开展"我为'浙江有礼'代言"活动等。嘉兴在全省率先实现农村文化礼堂、新时代文明实践中心全覆盖。再如，南湖区启动"'船'承有礼"主题作品征集活动，广邀市民开展"浙风十礼"和"十大文明行动"创作；秀洲区发布"礼润秀洲·文明十礼"市民文明新时尚，鼓励市民从排队一米、聚餐用公筷、喝水空瓶、开车让人等小事做起，提升文明素养、建设有礼城市……嘉兴市力争让每一位市民都成为"有礼"的代言人和受益者，形成市、县联动培育"全民有礼"的浓厚社会氛围。

四是不断完善"有礼"特色机制。具体举措有：探索标志项目引领机制，实施"精神富有·润心在嘉"标志性项目，开展礼堂走心、职工盈心、根脉立心、声声入心、乡村悦心、驿站连心、幸福健心、新风拂心、助残贴心、为老暖心的"十心行动"，着力解决群众"急难愁盼"问题；探索品牌矩阵构建机制，突出"一县一品"，打造嘉善县"积善之嘉"、海盐县"盐之有礼"、海宁市"文明潮城"、桐乡市"风雅桐行"等一批辨识度强、

107

富有感召力的县域有礼特色品牌；探索有礼单元创建机制，开展文明窗口规范化、精细化、人性化、智能化"四化"创建达标竞赛行动，通过有礼窗口、有礼市场、有礼景区、有礼楼道、有礼街区、有礼村落、有礼菜园、有礼学堂等特色创建活动，细化有礼创建"颗粒度"。

如今的嘉兴，"有礼"已然成为共同富裕的最亮底色，成为检验共同富裕程度、衡量人民幸福指数的重要标尺。接下来，嘉兴将继续全面推进"红船领航"市域文明实践，进一步探索具有鲜明特色的物质富裕、精神富有之路，既要实现家家"仓廪实、衣食足"的物质富裕，也要实现人人"知礼节、明荣辱"的精神富有，最终促进人的全面发展和社会全面进步。

（二）熔铸"最美"力量，构筑精神高地

"最美土壤"孕育了"最美群像"，"最美形象"传递着"最美能量"，"最美能量"催动文明有礼之花处处开放。长期以来，浙江一直把加强精神文明建设作为事关全局的战略任务来抓，以"最美浙江人"创建为载体，以品牌化的方式、制度化的手段和常态化的途径全面推动公民道德建设，不仅唤起公民道德的自觉践行，而且带来公民素养和社会文明程度的提升，为浙江经济社会发展提供了有力的道德资源保障，也为全国提升公民道德建设水平提供了示范效应和地方经验。

浙江"最美现象"起始于民间的感人事迹，由见义勇为等扩展到日常生活中让人备感温暖的所有道德行为、道德现象，是对社会主义核心价值观的生动诠释。向上向善是"最美浙江人现象"的本质内涵，集中体现为"热爱祖国、热爱人民的思想境界，助人为乐、无私奉献的高尚品格，立足平凡、追求崇高的美好情怀，忠于职守、爱岗敬业的优良作风，见义勇为、奋不顾身的英雄气概"[①]，恪守孝道、忠孝两全的完美人格。"浙江最美

---

① 韩振峰：《"最美精神"：社会主义核心价值体系的生动诠释》，《光明日报》2012年7月7日第2版。

第六章 化风成俗：打造知行合一的"有礼"实践矩阵

现象"不仅是一个个"最美人物"勇于担当的结果，同时也是社会民众自发认同、媒体广泛传播、政府和社会组织褒扬等合力作用的结果。

其一，政府倡导与民间认同上下呼应，发现"最美人物"。浙江"最美现象"的生命力因无数普通人的道德故事广泛传播而得以延续。多年来，浙江省坚持"主体在民、参与靠民、宣传为民"的原则，在百姓中推荐好人，在生活中发现好事，广泛发掘来自基层的"最美"线索，倾听民间相传的"最美"声音，集聚和放大"最美现象"的正能量。浙江各地探索建立横向到边、纵向到底的四级推选机制，从村、镇乡（街道）、县（市、区）、市四级层层推选，发动机关、企业、学校、社区等各系统各单位积极举荐，挖掘不同领域、不同类型的"最美现象"，不断拓展"最美现象"的时代内涵。近年来，浙江评选"最美"的载体日益丰富，推出了浙江省道德模范、浙江骄傲、浙江孝贤、风云浙商、青春领袖、先进志愿者等各领域和群体的系列道德建设先进典型。同时，群众参与的途径也日渐丰富，通过开展"好人就在我们身边""最美浙江，随手行动""我为最美投一票""如何做一个最美浙江人"等征集和推荐活动，使群众成为发现"最美"的重要渠道。另外，相关部门还建立了"最美人才库"和"最美项目活动库"，组织多种多样的实践活动，使偶然性的行善积德逐步转变为经常性的志愿服务活动。

其二，新媒体与传统媒体完美融合，弘扬"最美人物"。浙江"最美现象"的常态化与媒体的强力推进紧密相关，网络载体是宣传"最美现象"的主阵地。浙江省建立了"浙江好人榜"定期公布制度，每月评选一期"浙江好人榜"，在省级主要媒体张榜公布；通过网站、微信、客户端专题专版长期追踪，运用公益广告等载体，做好"最美浙江人"的常规化宣传，不断扩大"最美现象"的影响力；各级新闻单位借助各种媒介、舆论工具营造学习"最美浙江人"、争做"最美浙江人"的环境和氛围。浙江各地还经常举办群众性公益活动，将最美创建与传统节日文化主题活动融合推进，不断培育勤劳节俭、遵德守礼、孝老爱亲的最美社会风尚，推动形成向上向善的力量。在杭州,"好人有好报"的价值导向深入民心,西湖边建成了道德模范宣传一条街,先进典型的大幅照片陈列在两旁,平民英雄、敬业爱岗等"最美人物"的照片和事迹宣传浸润着过往的行人。在德清,全国首个公民道德教育馆以普通百姓为主角,设立敬业之道、爱家之德、立人之品、乐善之行、道德建设、小城大爱、凡人义举和道德驿站8个展区,形成群众身边的道德高地。在绍兴,全国首家网上爱心博物馆集中展示200余位绍兴市道德模范、爱心人物的风采,同时推出志愿服务爱心对接平台,打造公益慈善的"快车道"。浙江省运用全媒体的优势,广泛宣传、倡导和弘扬"最美人物"的先进事迹并对先进个人进行表彰,产生正向激励,凝聚"有礼"正能量,营造全民学习践行"最美人物"的浓厚氛围。

其三,聚力推进和品牌培育同行同向,推广"最美人物"。"最美浙江人"是一个闪亮的道德品牌,弘扬"最美精神",建立典型的发现、传播和学习机制,扩大其影响力,使之常态化、制度化,从而使身边涌现的"最美现象"更有启发和教育意义。在"最美"导向下,道德的力量突破群体、地域、行业的拘囿,"最美浙江人"已然从个人向家庭转变,由个体向行业转变,通过社会各界的合力建设,取得显著成效。浙江省委宣传部、省文明办、省教育工委、省交通运输厅、省卫生计生委、省司法厅等多部门和多单位参与,精心培育了多类"最美行业"品牌。各行各业各地把选树"最美人物"作为树立良好形象的有效抓手,通过在党员干部中开展争做"最美干部""最美党员"活动,在青少年群体中开展"美德少年"评比活动,在各行各业开展争做"好人",在农村开展"最美家庭"评选,"最美"的扩散度和持久性不断增强,许多看得见、学得来的最美榜样在各系统闪耀涌现,产生覆盖全面、远近皆宜的示范效应,形成了"处处好风景"的浙江现象。

一个个好人组成的"最美浙江人"群体引领着时代新风尚,全社会主动参与道德建设的氛围日渐形成。近年来,浙江以数字化改革为牵引,通过实施"最美"发现挖掘、培育选树、宣传弘扬、评价激励、总结提炼的全生命周期管理，让典型催生共同富裕示范区建设的"蝴蝶效应"。揆诸现实，"最美浙江人"总品牌也不断衍生出"浙江骄傲年度人物评选活动""万朵鲜花送雷锋公益活动"等一系列有影响力的子品牌，推动"最美"成为社会常态，"最美浙江人"的辨识度、美誉度、知名度有了全方面、系统性的提升，"最美"的典型正发挥着榜样的力量，推动越来越多的人参与到发现"最美"、弘扬"最美"、争做"最美"的行列中。

二、创新文化载体：重塑"有礼"乡风文明的浙江做法

习近平总书记指出，乡村振兴不能只盯着经济发展，还要培育文明乡风、良好家风、淳朴民风。乡风即乡土风俗，是特定乡村内人们的信仰、观念、操守、爱好、礼节、风俗、习惯、传统和行为方式的总和，是由一个地方人们的生活习惯、心理特征、文化习性长期积淀而形成的精神风貌。乡风文明是一种有别于城市文化，也有别于传统农村文化的新型文化形态，是人类文明体系中一种具有乡村地域特色的文明形态，具体表现在乡村区域内人们的物质与精神生活相对满足、思想道德观念和科学文化水平提升、生产生活方式现代化、乡村社会风气和谐美好等方面。近年来，浙江不断创新文化载体，通过加强阵地建设、修订完善村规民约、传承弘扬好家风等多种途径，开展乡村精神文明建设，塑造"有礼"乡风文明。

（一）强化阵地建设，打造"有礼"乡风文明高地

新时代文明实践中心建设是深入学习、宣传习近平新时代中国特色社会主义思想的重大决策部署，是宣传思想战线面对新形势、新使命、新任务提出的重大战略举措，对于扎实推进公民道德建设、为国家和民族"铸魂""塑心""立基"，具有重大而深远的意义。为进一步加强改进农村基层宣传思想文化工作和精神文明建设，作为首批开展新时代文明实践中心

试点建设的省份，浙江省自2018年开始在部分县（市、区）逐步推开新时代文明实践中心建设，打通宣传群众、教育群众、关心群众、服务群众的"最后一公里"。

一是大力推进阵地建设广覆盖。浙江省结合实际，注重顶层设计，精心谋划并推进了县（市）文明实践中心—乡镇文明实践所—村文化礼堂三级阵地网络建设：县（市）层面成立新时代文明实践中心，整合图书馆、文化馆、博物馆、青少年宫等资源，建成面向全县（市）开展公民道德建设的综合性服务平台；乡镇层面依托综合文化站，设立新时代文明实践所，整合乡村学校少年宫等资源，建成了面向全镇（乡）开展公民道德建设的阵地平台；农村文化礼堂作为浙江村级新时代文明实践站，广泛分布在全省各地的行政村中，整合文化活动室、农家书屋、青年之家、妇女之家、居家养老等基层公共服务阵地设施，建成了群众身边的综合性阵地平台。目前，浙江新时代文明实践中心建设试点已拓展到70%的县（市、区），建成新时代文明实践所、站、点5万余个，农村文化礼堂17804家，500人以上的行政村覆盖率超过90%。近年来，浙江省围绕"广聚人气、凝聚人心"目标和"大门常开、活动常态、内容常新、队伍常驻、机制长效"要求，以数字化改革为牵引，加快建设农村文化礼堂2.0版，打造全省统一的文化礼堂数字大脑，形成文化礼堂建设、使用、推广、评价等全生命周期管理体系，丰富触达场景，进一步推进农村思想政治工作提质、乡风文明建设增效、文化服务水平升级，为高质量推进共同富裕先行和省域现代化先行凝聚乡村强大精神力量。

二是大力发挥阵地教育教化功能。浙江省紧紧围绕习近平新时代中国特色社会主义思想的学习、宣传，将道德宣讲与理论宣讲、实践活动、典型宣传、人文关怀等有机结合起来，不断丰富活动载体，创新活动内容，努力把新时代文明实践中心真正打造成农民道德教育、感化和提升的精神殿堂。具体举措有：注重发挥理论宣讲的引领提升作用，组织千支宣讲团、万名宣传员下沉基层，开展"我最喜爱的习总书记的一句话""我在之江读新语"系列文明实践项目，开展"新时代、新气象、新作为"百姓宣讲活动，在农村高扬思想旗帜、精神旗帜；注重发挥主题实践活动的教化滋养作用，将社会主义核心价值观融入群众文明实践各方面，积极挖掘乡贤文化、民俗文化、家风家训文化等地域文化资源，广泛开展"我有传家宝""家书抵万金""最美全家福""最美家庭巡讲巡演""邻里讲和睦"等文明实践活动，引导农民群众自我约束、自我管理、自我提高，促进形成农村文明好风尚，切实提升农村道德水准线；注重发挥先进典型的示范带动作用，广泛开展最美人物、感动人物、身边好人、道德模范等典型选树培育活动，使广大农民群众学有榜样、干有目标；注重道德关爱的激励保障作用，建立推广"道德信贷""道德银行""道德绿卡"等道德模范关爱礼遇机制，树立"德者有得"的价值导向，推进以"邻里守望"为主题的志愿服务，为困难群众提供日常生产生活的照料帮扶，把解决群众的思想问题与解决实际困难结合起来。通过这些活动，在农村积极营造了"崇德向善"的良好氛围。

三是大力盘活阵地资源。浙江省把新时代文明实践中心作为推进新时代公民道德建设的系统性工程，将其纳入乡村治理体系的大格局，着力整合组织、政策、队伍、宣传等各种资源，不断优化工作机制，形成强大合力。具体举措有：着眼于提高基层德治的组织保障力，建立党委统一领导、宣传部组织协调、部门协同配合、社会组织广泛参与的工作机制，县（市）委书记担任新时代文明实践中心主任，宣传部部长担任第一副主任，同时将新时代文明实践中心建设工作作为党委意识形态责任制督察的重要内容，建立相应的工作考核体系，为基层公民道德建设提供有力的组织保证；着眼于提高基层德治的政策助推力，统筹财政资金、文化慈善基金、文化志愿基金、微慈善活动资金等，加强对新时代文明实践中心包括各类道德实践活动的资金扶持；着眼于提高人才队伍的支撑力，牢牢把握建设一支常态运行、长效服务的文化志愿者队伍这一着力点，将文化、教育、医疗、法律、金融等公共服务资源整合起来，变原先的"各自为政"为"兵团作战",实现"一条龙""一站式"志愿服务,为基层群众打造一支身边不走的文化下乡队伍;着眼于增强宣传推介的引导力,统筹调配报纸、广播、电视、微信公众号等各种宣传资源,将文明实践中心与县级融媒体、"学习强国"学习平台运用推广结合起来,搭建覆盖面广、渗透力强的"有礼"传播矩阵。

(二)"有礼"纳入村规民约,推动乡村善治

有礼则安,无礼则危。文明乡风是基层善治和乡村振兴的精神动力。村规民约是为维护本村的社会秩序、社会公德、村风民俗和精神文明建设而制定的,规范本村村民行为的一系列规章制度,也是一种融历史沿袭的乡土性与外部植入的现代性为一体的、符合时代发展需求的契约性规范。近年来,浙江省高度重视村规民约在基层治理中的作用,各地结合县域乡情,坚持问题导向,将"有礼"纳入村规民约,推出了一系列符合本地实情的具体举措,以规范化的村规民约助推乡村善治和乡村振兴融合发展。

1. 衢州市"千村修约"

为引导群众养成文明健康的生活方式,2020年3月22日,衢州市柯城区花园街道上洋村召开党员村民代表大会修改村规民约,增加"村民要积极响应'衢州有礼'品牌建设,在日常生活中,要使用公勺公筷、行作揖礼、不随地吐痰"等"有礼"内容,让村规民约成为推进乡风文明建设的有力抓手。为了把"使用公筷公勺"落到实处,上洋村村委会专门成立了巾帼有礼团,把全村343户家庭分成10组有礼网格,每天督促村民每餐线上打卡,连续打卡满7天的家庭可以到村里的有礼亭兑换肥皂、洗洁精、口罩等生活用品。上洋村将"使用公筷公勺"写入村规民约,拉开了衢州全市"千村修约"行动的序幕。2020年3月底,衢江区第一时间下发"千村修约"的通知,按照"整体谋划、分类实施、分步实施"的要求,拟订并实施工作计划;龙游各乡镇(街道)以不同形式深入开展"礼进村规"修约工作,一股文明新风逐渐在全县范围内吹开;江山市通过大力开

展"十社百村千岗万户"修约行动,将"有礼"全面融入村规民约、居民公约,以及青年文明号、巾帼示范岗、有礼之星、文明家庭等评选标准;常山县球川镇黄泥畈村从修改完善村规民约入手,围绕社会公德、职业道德、个人品德、家庭美德四方面内容,以户为单位实行诚信考评,每月考评结果经村民代表大会通过后在村口大屏幕、村务公示栏和微信公众号上"晾晒",通过正向激励与反向约束相结合的方式,让乡村治理有章可循、有据可依。截至2020年4月20日,衢州全域1589个村(社)全面完成"千村修约"工作。

2. 安吉县余村以德治村

作为习近平总书记"绿水青山就是金山银山"重要思想的诞生地,安吉县余村坚持把思想道德建设和文化建设摆在重要位置,以文化人,德润人心,营造崇德向善的浓厚氛围。2017年余村制定实施《余村村规民约》,涵盖文明施工、勤俭节约、垃圾分类、文明治丧等方面,形成全体村民必须共同遵守的乡土善治良法;引入失信违约一票否决制,建立健全"两山"议事会、村民代表会、乡贤议事会等制度,坚持重大事项、重点工程等须经民主讨论、集体决策;开展"立家规、传家训、树家风、圆家梦"活动,全村280户均立家规;开展"我的家风故事""寻找最美家庭""寻找美丽庭院"活动,倡导"吾家环境美、吾家心灵美、吾家梦想美、吾家家风美"。同时,余村深化乡风评议制度,发挥村民议事会、道德评议会、禁毒禁赌会、红白理事会"四会"的组织作用,大力开展以全面双禁、酒席减负、文明治丧等为主要内容的移风易俗行动,入户劝导移风易俗、戒黄赌毒和杜绝各类封建迷信活动,组建由网格长、网格指导员、专职网格员、兼职网格员、平安特派员、党建特派员组成的"一长五员"网格团队,专职开展移风易俗日常巡查和隐患排查,深化移风易俗,涵养淳朴民风。

3. 淳安县下姜村传承创新48字祖训

淳安县枫树岭镇下姜村历史悠久,文化底蕴厚重,因传承优良家规家训而闻名。"敬祖宗,孝父母,友兄弟,教子孙,睦家族,和邻里,慎交友，择婚姻，扶节操，恤孤弱，禁溺女，宜禁之，勤生理，戒赌博，急赋税，杜奢华"这48字祖训蕴含了道德教化的深刻内涵，是下姜村最早的村规民约。数百年来，村民们通过谚语、民谣、故事等形式将祖训代代相传，48字祖训潜移默化地影响着村民的行为规范，造就了当地善良淳朴的民风。近年来，下姜村在传承祖训条规的基础上，将"忠孝仁义"与社会主义核心价值观相融合，归纳提炼出符合时代精神的新家规家训，在门庭、中堂等显要位置进行展示，组织开展党员亮家训、亮家风及评选道德模范、先进人物等活动。同时，下姜村对48字祖训剖析传承、取其精华，归纳总结出"老一辈记得住、年轻人能接受"的新版村规民约《下姜村村规民约十条》，内容涵盖村风民俗、环境卫生、和谐邻里、社会治安等多个方面。如"文明有礼，见面主动问好""孝敬老人，赡养费不得低于全村平均水平"等内容，既与48字祖训一脉相承，又与时俱进。为了让村规民约更"接地气"，当地还通过漫画形式把10条村规民约画上墙，并制作漫画折页发放到全村农户手中，这样既符合农村的整体文化水平，又能让村规民约"入眼、入脑、入心"。此外，村里还配套制定出台《下姜村党员守则》，明确党员干部要带头执行村规民约、严禁违反规章制度；制定出台《农村党员干部六条禁令》，在全县率先禁止党员干部中餐饮酒、参与各类牌局等，引导党员干部和群众树立良好民风。

（三）好家风信用贷，礼遇有德之人

2016年，浦江县首次将道德评价作为信用贷款依据，将家风与信用挂钩，将遵纪守法、文明诚信等无形资产转化为可量化的信用资本，构建"有德者有得"的激励机制，给社会注入一股向善向上的信心和力量，达到"增加守信红利，礼遇身边好人"的社会效果，有力地推动了社会信用体系建设。

第一，传承好家风，夯实"好家风"根基。以"江南第一家"郑氏家族168条家规为核心，浦江全县开展"立好家训、树好家风"活动，打好"研家训、立家训、展家训、传家训、行家训、塑家风、评家风"家风建设组合拳,把家风家训融入百姓日常生活,形成千家万户树家风的良好氛围。一方面做好"好家风+"文章,把"产业兴旺、生态宜居、乡风文明、治理有效、生活富裕"的目标要求纳入好家风范畴,在家风中大力弘扬爱国、敬业、诚信、友善等个人层面的核心价值准则,把大政策化为小家训,把大道理融入小家风,把党的方针政策、核心价值观融入百姓生产生活;另一方面在全县227村全面推行好家风评价体系,实行"5+1"家风指数考评标准,其中"5"指"遵规守纪、邻里和睦、环境整洁、家庭和谐、诚信致富"等5项评价准则,"1"指农户受到政府表扬或批评,给予适当加分或减分,并实行联系党员打分、家风评议团审核、村务联席会审定、乡镇党委政府批复四步评判程序。同时,浦江在各村开设"好家风指数"量化公开栏,全员公示农户得分情况,以看得见、摸得着、感受得到的方式,倡导形成家风正、民风淳、社风清的乡村新风尚。

第二,激励好家风,实施"好家风"贷款。2016年9月,浦江县文明办联合县农商行、县妇联出台了《"好家风信用贷"专项贷款管理办法》,为"文明家庭"提供免担保信用贷款,村(社区)、乡镇(街道)、县级"文明家庭"夫妻签字最高可分别获得10万元、15万元、20万元的贷款额度,追加成年子女夫妻签字,最高可增10万元,贷款利率优惠,比其他信用贷款利率上浮比例低50个百分点。随后,贷款主体铺开到全县所有商业银行,"信用贷"覆盖面不断扩大,贷款对象进一步向文明村、"好人榜"入围者、道德模范延伸。在全力推广"好家风信用贷"的基础上,浦江进一步加强跨部门合作对接,继续推出创新服务:结合县"文明车"评选活动,推出"文明车"5项优惠举措;结合县"文明商家五星联评"活动,推出"文明商家"专项优惠贷款,让"文明有礼"真正成为百姓的"资产"。2017年3月,浦江县又推出"好店风信用贷",此项贷款仍采用信用免担保方式,且贷款利率在同等条件下给予优惠。同时,"好家风信用贷"对有严重失信记录、赌博等不良行为的家庭,实行"一票否决",

对出现贷款不及时归还等失信行为的家庭取消荣誉称号,并根据相关法律程序予以追责。浦江百姓"守信光荣,失信可耻"的文明风尚在"好家风信用贷"等举措的推动下得到传承弘扬。

第三,弘扬好家风,营造"好家风"氛围。"好家风信用贷"推出后,浦江县进行全方位、立体化宣传。县文明办把"精神文明信用贷"的政策传递到每一个"文明家庭",银行设立"好家风信用贷"工程推进办公室,制作专用宣传品,进村入户全面铺开"信贷普惠"模式。截至2017年底,浦江县共发放"好家风信用贷"1.4万余笔,总额17亿余元,且没有一笔违约。2017年中央电视台"3·15"晚会将这一做法作为社会信用体系建设创新案例向全国推介。为扩大"好家风信用贷"的受惠面,2017年6月,金华市妇联联合中国人民银行金华市中心支行、金华市文明办出台《关于开展"八婺好家风"信用贷款工作意见》,向全市范围内获得各级别"文明家庭"荣誉的家庭成员和县(市、区)级及以上文明办评选的道德模范、身边好人等各类先进人物发放"好家风信用贷",贷款对象从原有的"文明家庭""道德模范""金华好人""浙江好人"拓展到获评"最美家庭""绿色家庭""平安家庭"等各级各类荣誉称号的优秀家庭,最高可获50万元免担保、免抵押"好家风信用贷",符合条件的全国和省、市文明村,还可以整村批量授信,从而在全社会树立起"人人讲文明、守信得实惠"的道德风向标。

作为精神文明建设创新举措,浦江把"好家风"纳入信用贷款范畴,直接把精神文明转化成物质文明,实现将遵纪守法、文明自律、诚实守信等无形资产与有形信贷的有效转化;发挥模范的示范引领作用,实现礼遇好人与争当好人相互促进,为好人善举提供信贷政策礼遇,为有德之人排忧解难,增强了人们争做好人善事的积极性,有效提升乡风文明程度。政策实施以来,没有一例违约,呈现出进展顺利、各方满意、多方共赢的理想局面。如今,争做"有礼"市民、争创文明家庭已成为浦江县老百姓的自觉追求。

三、提升职业道德：再造"有礼"行业规范的浙江案例

2019年10月27日，中共中央、国务院印发了《新时代公民道德建设实施纲要》，明确职业道德的主要内容包括爱岗敬业、诚实守信、办事公道、热情服务、奉献社会等。职业道德作为社会道德体系的重要组成部分，不仅是从业人员在职业活动中的行为标准和要求，而且是本行业对社会所承担的道德责任和义务，是道德对职业生活领域调节作用的反映形式。职业道德调节职业关系中的各种矛盾，促进职业健康发展，推动从业人员养成良好的职业品质，纠正行业不正之风，改良整个社会风气，对推动社会的道德建设和精神文明建设有着巨大的作用。浙江历来重视职业道德建设，寓精神文明建设于行业规范化管理之中，推动各行各业结合实际，将文明有礼元素融入行业规范，引领行业新风。

（一）"礼让斑马线"，引领文明出行

文明是城市最美的风景线，斑马线是展示城市文明风貌的一扇窗，文明行车是城市文明的重要组成部分，更是城市社会经济发展和时代进步的必然要求。"礼让斑马线"这一尊重生命、传递文明的行为，已经成为杭州的城市"金名片"和一道亮丽的人文风景线。

第一，试点先行，以公交集团为主，小范围推动。"礼让斑马线"行动源自杭州市公交集团的一项尝试。早在2005年，公交集团率先在11路公交车路线试点推出"人行横道礼让"行动，通过近两年时间的试点，驾驶员让行意识明显提升。2007年，杭州市公交集团全面推开这项工作，在主城区公交线路铺开，并制定了《公交营运司机五条规范》，明确规定"行经人行横道时减速礼让"，并且开始实施内部督促和监管，违反者扣除当月安全奖奖金，这种内部监督结合惩罚的机制使公交车礼让行人逐渐常态化、普遍化。为确保公交车司机斑马线前"见人必让、让必彻底"，公交集团派出督察人员上路巡查，对不遵守规定让行的司机，视违规情况予

以处罚。杭州市公交集团通过制度规范、培训教育、考核惩戒、督察巡查等举措，使斑马线前礼让行人逐渐成为杭城上万名公交司机的良好习惯和自觉行动，为杭城广大司机斑马线前礼让行人树立了标杆。

第二，全面铺开，形成文明出行的社会共识。2009年8月，继公交集团之后，杭州市交通运输管理局、杭州市出租车协会联合发起"千名的哥斑马线前评的士"活动，号召全市出租车司机相互监督，通过加强行业自律来保障民众出行安全。活动中，对不礼让行人的出租车司机，通过行业曝光台曝光，并通报当事人所在企业，以此作为评比星级出租车司机的重要依据。各出租车企业也制定了相应的规章制度，对被曝光的出租车司机采取批评教育、安全培训、奖金扣发等惩戒措施。在出租车行业协会和企业加强行业自律的基础上，杭州市交通运输管理局在2010年1月出台《杭州市客运出租汽车单车考核细则》，明确规定，出租车在斑马线前不减速、未停车让行、未避让的，一次扣10分。由此，广大出租车司机也成为杭城斑马线前礼让行人的典范，斑马线前礼让的影响范围进一步扩大。随后，杭州市公务用车、公务员私家车带头，带动越来越多社会车辆自觉做到斑马线前礼让行人。

第三，制度保障，巩固文明礼让成果。为推动礼让之风延续发扬，杭州市坚持道德高线和法律底线并举，相继出台了一系列规章制度，把"斑马线礼让行人"纳入对公交车司机、出租车司机、企业的考核，并通过管理制度、教育培训、检查考核、主题活动、奖励激励、关爱工程等六大举措，保证"礼让斑马线"既收获掌声，也让群众有获得感。2010年12月，杭州交警部门制定《杭州市打造交通文明示范城市三年规划》，明确将"斑马线礼让"作为城市文明的重要抓手和突破口。2011年，杭州交警部门就礼让标准作出详细解释，规范礼让标准在法律执行层面为"斑马线礼让"提供了"安全阀"，私家车也被纳入"斑马线礼让"整治范围。2014年，杭州交警部门创新监督手段，在50多条无信号灯斑马线前设置电子警察，对未礼让斑马线的机动车进行实时录像，作为处罚依据，使得"斑马线礼让"固态化、深入人心。2015年10月30日,杭州市第十二届人民代表大会常务委员会第三十二次会议审议通过《杭州市文明行为促进条例》,其中规定:机动车在经过人行横道时需礼让行人,违者将受到处罚,拒不履行处罚决定的,将会被记录到个人信用信息。这是浙江省首次将斑马线前礼让行人等文明行为规范列入地方性法规,用法律规范来推动道德建设。与此同时,杭州还开展了一系列主题教育活动,推动文明礼让的交通出行习惯深入人心,确保了文明礼让成果的日益巩固。

第四,宣传引导,提升城市整体文明水平。杭州市不断加强正面宣传引导,通过广播电视、微博、微信、车厢广告、户外公共宣传栏等多种载体和形式,大力开展斑马线礼让宣传,做到家喻户晓;对斑马线前的正能量重点开展宣传报道,引导广大市民群众向文明守法行为看齐,以"礼让行人"为荣;结合"最美行业"创建,以及"最美路口""最美的士"评选等活动,引导全社会形成向善向美的良好风尚。在政府的大力推动和媒体的广泛宣传下,杭州市"礼让斑马线"逐步由公交车向其他机动车拓展,由主城区向区县市延伸,由"车让人"发展到"人让车""车让车",形成了文明行车、文明出行的社会共识和行动自觉。

"斑马线礼让行人"是一种以人为本的城市交通文化,体现的是对生命的尊重、对法律的敬畏、对人性的关怀,彰显了城市的温度和气质。17年来,随着公众参与度、社会美誉度、活动影响力、品牌创造力的连年不断提升,"礼让斑马线"这一具有全国影响力的文明品牌,从一句口号到公众自觉的行动,从杭州到浙江各地,进而影响到全国,成为展示新时代"浙江有礼"风采的重要窗口。

(二)"最多跑一次"改革,赋能治理能力现代化

"最多跑一次"改革是浙江对准发展所需、基层所盼、民心所向,落实中央全面深化改革部署的重要创新实践,也是浙江对照"八八战略"要求,创造性提出的一项关乎全局的改革举措。浙江"最多跑一次"改革既注重顶层设计,又重视各地的自主创新,将改革融入行业规范、职业道德,落实于具体岗位、工作流程,通过打造整洁有序的窗口环境,提供优质便捷的惠民服务。目前,"最多跑一次"改革已从一项优化政务服务的行政目标,完成向社会领域的延伸扩面,成为独具浙江特色的行业"有礼"风尚,牵引着浙江省域治理再创新优势。

1. 杭州市以信息化助推"最多跑一次"

浙江政务服务网于 2014 年 6 月正式上线运行,是在全国率先以"互联网+"思维打造的集行政审批、便民服务、政务公开、互动交流、数据开放等功能于一身,省市县乡统一架构、多级联动的网上政务服务平台,是以信息化支撑"最多跑一次"改革各项措施落地的关键载体。杭州市根据浙江政务服务网建设的总体部署,构建了集各类政务服务于一体的浙江政务服务网杭州平台,形成了杭州智慧电子政务的总体框架,实现了统一规划设计、统一基础支撑、统一数据归集、统一应用发布、统一安全管理。秉承方便、实用、为民的宗旨,杭州市针对不同人群的特点开发相应的集成服务应用,实现了线上、线下两种模式的互补融合,如到线下大厅的办事人员可提前通过微信进行网上排队,大大缩短了排队时间。同时,为帮助政府改进办事流程,提高群众和企业的办事体验,杭州市通过建立政府内部绩效考核机制传导责任压力,电子系统中会详细记录每一名工作人员办理民情事项或行政事项的数据、质量和时长,自动生成绩效评价,并通过建立面向群众的服务评价机制,在网络办事界面设置群众反馈评价选项,倒逼工作人员提升服务质量。这种全程监督模式和综合考评机制极大提高了办事效率、质量,群众的获得感和满意度都有了很大提升。

2. 嘉兴市审批层级一体化改革

嘉兴市行政审批层级一体化改革,是以打造服务型政府为目标,全面下放行政审批权,减少审批层级,建立扁平联动、协同监管、权责一致的市县两级一体化的新型审批制度。其目标是通过行政审批的体制机制创新,进一步规范行政审批事项和行政审批行为,提升行政审批效率,方便企业和群众,打造法治政府和服务型政府。嘉兴对市级审批权限进行系统梳理,全面下放审批权限,基本做到"应放尽放",削减审批层级,行政审批事项和便民类公共服务事项直接下沉到镇村,向基层和一线延伸,实现市县审批一体化,通过镇村行政服务中心和市、县(市、区)、镇(街道)、村(社区)四级代办服务网络,努力让群众"就近办理"。嘉兴还通过完善以联审制、模拟制、代办制为核心的"三制联动"审批服务机制,建立了"统一受理、同步办件、集中实施"的工作机制,特别是把群众关注度高的不动产交易登记作为突破口,加快整合分散在建设、地税、国土等部门的业务,于2017年3月底实现登记、交易、纳税等业务"一窗办结"。这种扁平联动、协同监管、权责一致的市县两级一体化的审批制度,大幅提升了行政审批的制度化、规范化水平,实现群众和企业到政府办事"最多跑一次",提高人民群众的获得感。

3. 衢州"一窗受理、集成服务"改革

2016年9月,衢州市对以往民众办事"逐一找部门、逐一找窗口"的流程进行彻底改造,在全省率先开展"一窗受理、集成服务"改革试点。2017年1月开始,衢州成立"一窗受理"扩容事项梳理组,着手梳理事项清单,按照"能进尽进"的原则,将611个事项纳入"一窗受理"范畴。同时,衢州市行政服务中心与相应审批部门签订授权书,统一授权中心综合窗口受理,初步实现受理与审批相分离。衢州市行政服务中心根据改革要求,联合相关市级职能部门,精简规范受理材料清单,制作形成简单明了的办事指南供办事群众查阅,并将电子版同步发布到网上。这一指南不仅能够对群众和企业进行一次性告知,也成为行政服务中心前台受理人员和后台审批人员的工作规范。衢州市按照市县一体的思路,通过不断深化"互联网+"应用,开发市县一体的综合受理平台,建设信息化数据共享平台,打通数据资料上传下达系统,实现审批服务"一网通"。衢州市行政服务中心还打造更加智慧、集成的办事大厅,一些部门探索推出"一窗式、云服务"的网上办事大厅,同时为了让群众了解各办事环节,衢州市行政服务中心制作了"一窗受理"审批流程图,衢州市配套制定了"一窗受理、集成服务"实施细则和相应的考核评价办法,为继续深化和强化群众监督提供了制度保证。这些措施的陆续出台都反映了政府改革以人民群众为本的指导思想,进一步优化了政府服务,极大提升了群众和企业的办事体验。

第七章 数智赋礼：迈向数字文明新时代

浙江有礼——共同富裕社会的"文明密码"

进入新时代，数字技术的应用给中国社会带来了颠覆性的变革，尤其是社会治理方式，迎来了新的挑战和改变。《中华人民共和国国民经济和社会发展第十四个五年规划和2035年远景目标纲要》提出，要加强数字社会、数字政府建设，提升公共服务、社会治理等数字化智能化水平。2020年，习近平总书记在浙江视察时指出，要鼓励运用大数据、人工智能、云计算等数字技术，在资源调配等方面更好地发挥支撑作用。浙江省准确把握信息技术革命带来的新机遇，借力数字技术，助推"数智"建设，充分发挥科技对社会治理的支撑作用，在整体性推动基层社会治理现代化上贡献了"浙江方案"，提供了"浙江样板"。

一、勇立潮头：数字文明的"浙里"探索

（一）"数字浙江"建设夯实数字文明基础

数字文明是指在大数据、人工智能等新型数字技术占主导的时代，人们在数字化生存场域从事物质生产、生活与生态实践活动中所呈现出的一种社会进步状态，集中体现为数字化生产方式、数字社会制度以及人类数字需求的增长，是由数字技术、数字经济、数字文化与数字社会等多

重面相内生而成的文明形式。[1]数字文明的发展源于信息技术革命，20世纪八九十年代以来，信息与通信技术（information and communications technology，简称 ICT）的革新和广泛运用，深刻改变了社会生产方式，催生出智能化、信息化、网络化、移动化深度融合的数字经济。进入新世纪以来，互联网、大数据、云计算、人工智能、区块链等技术加速创新，日益融入经济社会发展各领域全过程，推动人类社会迈入信息时代。

在此背景下，浙江省委、省政府把握数字技术革命的历史机遇，积极推进省域经济社会数字化转型。早在 2002 年 1 月，浙江省九届人大五次会议首次提出建设"数字浙江"。2003 年 1 月 16 日，时任浙江省委书记习近平在浙江省十届人大一次会议上指出，"数字浙江"是全面推进浙江国民经济和社会信息化、以信息化带动工业化的基础性工程；同年 7 月，浙江省委召开十一届四次全体（扩大）会议，提出"八八战略"决策部署，强调"坚持以信息化带动工业化，推进'数字浙江'建设"。此后，历届浙江省委、省政府都锚定"数字浙江"建设，一以贯之抓落实。2017 年 12 月，浙江省委经济工作会议提出把数字经济作为"一号工程"来抓，深化"数字浙江"建设，实施新一轮"腾笼换鸟、凤凰涅槃"攻坚行动，加快产业高端化、数字化、绿色化发展；2021 年 2 月 18 日，浙江省委召开全省数字化改革大会，"数字浙江"建设进入数字化改革的新阶段。[2]

"数字浙江"建设加快了浙江省数字基础设施改造升级。截至 2022 年 4 月底，浙江省已建成 5G 基站 12.16 万个，实现乡镇全覆盖和行政村基本覆盖；每万人拥有基站数达 18.8 个，5G 用户普及率为 53.9%。截至 2021 年底，浙江省网民规模达 5506.7 万人，互联网普及率为 84.2%。"数字浙江"建设还为浙江省经济、社会的高质量发展注入了澎湃动力：2021 年，浙江省数字经济核心产业增加值总量达 8348.27 亿元，同比增长 13.3%，

---

[1] 参见姚聪聪：《数字文明的多重面相与建构路径》，《思想理论教育》2022 年第 2 期。

[2] 参见余昕：《"数字浙江"历程》，《政策瞭望》2021 年第 3 期。

全省数字经济增加值占 GDP 比重达 48.6%，较 2017 年提高超过 10 个百分点，居全国各省区第一；数字经济领域高新技术企业达 1.1 万家、科技型中小企业达 1.8 万家，其中，营收超千亿元企业 2 家、超百亿元企业 45 家、超亿元企业 2230 家、上市企业 164 家。[①] 数字经济已成为浙江省稳增长、促发展的"压舱石"和"加速器"。

人类文明的发展进步与生产力水平息息相关。以数字与智能技术的广泛、深度运用为特征的第四次产业革命，不仅将极大促进生产力的发展，也必将重塑人类社会的生产关系和生活方式并带来新的思想解放。"数字浙江"建设大大加快了浙江省域数字技术的普及与数字经济的发展进程，为浙江省探索构建数字文明新形态奠定了坚实的技术与经济基础。

（二）治理数字化在"浙里"推进文明发展

在庆祝中国共产党成立 100 周年大会上，习近平总书记明确指出："我们坚持和发展中国特色社会主义，推动物质文明、政治文明、精神文明、社会文明、生态文明协调发展，创造了中国式现代化新道路，创造了人类文明新形态。"[②] 这表明，"五个文明"协调推进是中国式现代化道路的鲜明特征。数字技术的进步和数字经济的发展，不仅是物质文明发展的结果与新方向，也必将深度嵌入政治文明、精神文明、社会文明、生态文明等非物质文明领域。因此，中国所要构建的数字文明必将是"五大文明"数字化演进的新形态。

如何将数字技术与政治文明、精神文明、社会文明、生态文明建设融合起来，更好地满足信息时代人的现代化的新需要？这是浙江省在推进数字经济发展的同时遇到的全新课题。浙江省牢牢把握新时代全面深化改革

---

① 参见《〈浙江省互联网发展报告 2021〉发布》，浙江网信网，2022 年 5 月 31 日，https://www.zjwx.gov.cn/art/2022/5/31/art_1694817_58871299.html。

② 习近平：《在庆祝中国共产党成立 100 周年大会上的讲话》，《人民日报》2021 年 7 月 2 日第 2 版。

的总目标，坚持以人民为中心的发展思想，积极探索将数字技术应用到政府管理、公共服务和社会治理中。2014年6月25日，全国首个省、市、县一体化的网上政务服务平台——浙江政务服务网开通运行，7月，浙江在全国率先部署"责任清单"工作，此后逐步形成"四张清单一张网"的政府改革总抓手；2016年12月，浙江省委经济工作会议提出加大全面深化改革力度，深入推行"互联网+政务服务"，以"最多跑一次"倒逼简政放权、优化服务；2017年1月，浙江省十二届人大五次会议部署加快推进"最多跑一次"改革，按照"群众和企业到政府办事最多跑一次"的理念和目标，从与企业和人民群众生产生活关系最紧密的领域和事项做起，逐步实现全覆盖；2018年1月，浙江省十三届人大一次会议提出加快建设人民满意的服务型政府，以浙江政务服务网为平台，实现公共数据整合共享，推进政府数字化转型。

依托浙江政务服务网，浙江省于2014年打造了"浙里办"App线上应用，作为群众、企业服务的总入口。截至2022年6月，"浙里办"实名注册用户突破8200万人，日均活跃用户280万人；在数字化应用方面，"浙里办"有掌上办事、掌上咨询、掌上投诉三大核心功能板块，汇聚了全省统一的3638项政务服务事项、1500余项便民惠企服务、企业开办等40件多部门联办"一件事"，实现对居住出行、教育医疗、文化旅游、公益慈善、生态环保、营商环境等领域公共服务、公众监督、公众参与的全方位覆盖。2018年，浙江省又正式开发和上线了政务协同总平台"浙政钉"，主要包含掌上OA、掌上执法和掌上基层三大内容，推进"互联网+政务服务""互联网+监管""互联网+督察"。2020年，自然灾害风险防控和应急应援应用、企业服务综合应用等11个跨部门、场景化、多业务协同应用上线运行，初步实现从点到面、从部门分割到整体协同的螺旋式上升，打造出"整体智治"的现代政府。

2021年3月，全国第一部以促进数字经济发展为主题的地方性法规——《浙江省数字经济促进条例》正式实施，其中第六章载明："治理数字化，是指在政治、经济、文化、社会、生态文明等领域，运用现代信息技术，实现治理机制、方式和手段的数字化、网络化、智能化，推进治理体系和治理能力现代化。"浙江省以人民为中心、以数字化为手段、以平台化为抓手、以法治化为保障、以政府改革为突破口，推进"最多跑一次"改革与政府数字化转型，找到了数字技术赋能政治、经济、文化、社会、生态文明的方法论与关键机制，走出了以治理数字化推动"五个文明"协调发展的"浙江路径"。

（三）数字化改革全面推进省域数字文明建设

数字技术的发展与广泛应用，是形成数字文明的必要而非充分条件，因为数字技术本身是中性的。数字赋能究竟是为善还是为恶、数字经济发展带来的数字红利应如何公平分享、数字鸿沟是否会加剧贫富分化、如何防范和治理诸如"信息安全""信息茧房""平台垄断"等数字化带来的新风险，都是推进数字文明建设需要解决的深层问题。2021年9月，习近平总书记在向以"迈向数字文明新时代——构建网络空间命运共同体"为主题的世界互联网大会乌镇峰会致贺信时提出，"要激发数字经济活力，增强数字政府效能，优化数字社会环境，构建数字合作格局，筑牢数字安全屏障，让数字文明造福各国人民"[1]，深刻阐释了数字文明建设什么、如何建设、为谁建设等重大问题，指明了数字文明建设的方向。

2021年初，浙江省委立足"数字浙江"建设新阶段，在"最多跑一次"改革与政府数字化转型取得标志性成果的基础上进一步拓展升级，作出数字化改革的决策部署：在省域整合形成"1612"体系构架[2]，推进省域治理体系和治理能力现代化、打造全球数字变革高地。时任省委书记袁家

---

[1] 习近平：《不断做强做优做大我国数字经济》，《求是》2022年第2期。
[2] 第一个"1"即一体化智能化公共数据平台，"6"即党建统领整体智治、数字政府、数字经济、数字社会、数字文化、数字法治六大系统，第二个"1"即基层治理系统，"2"即理论体系和制度规范体系。

军明确指出:"数字化改革是围绕建设数字浙江目标,统筹运用数字化技术、数字化思维、数字化认知,把数字化、一体化、现代化贯穿到党的领导和经济、政治、文化、社会、生态文明建设全过程各方面……在根本上实现全省域整体智治、高效协同"[1],"以数字化改革为牵引迈向数字文明新时代"[2]。可见,浙江省启动数字化改革,将推动"五大文明"向数字文明的新形态演进,给出了省域数字文明建设的"浙江方案"。

数字文明建设至少有三个阶段:一是从 0 到 1 的阶段,主要是在人类生产生活活动中找到个别最易突破的场景实现数字应用,解决数字赋能的技术可行性问题。浙江省"最多跑一次"改革,就是以群众办事事项为切入点,数字赋能政府服务。二是从 1 到 10 的阶段,是在人类社会一个较大的子系统中,构建多应用程序相互关联、数据共享的整体数字化方案,解决数字赋能的系统协同问题。浙江省政府数字化转型,就是对省域各级政府及其职能部门内部进行系统融合、综合集成式的数字赋能,打造出整体智治的现代政府。三是从 10 到 100 的阶段,即在一个地区或国家全方位地构建数字化的技术体系、制度体系、价值体系和理论体系,解决全域数字文明的系统建设问题。浙江省数字化改革相较于"数字浙江"之前的建设举措,在内涵上从数字赋能到制度重塑,实现了技术理性向制度理性的新跨越,在领域上从政府数字化转型的重点突破,到党政机关整体智治引领撬动全方位、全过程、全领域的数字化改革,在价值上从适应数字化浪潮,到主动引领全球数字变革,实现了从数字化量变到数字文化系统建构的质变升华。浙江省数字化改革的全面启动,标志着数字文明已经在浙江扎根,并逐步内化为浙江文化的新基因。

---

[1] 袁家军:《全面推进数字化改革 努力打造"重要窗口"重大标志性成果》,《政策瞭望》2022 年第 3 期。
[2] 《以数字化改革为牵引迈向数字文明新时代!袁家军在 2021 年世界互联网大会开幕式上致辞》,浙江在线,2021 年 9 月 26 日,https://zjnews.zjol.com.cn/gaoceng_developments/yjj/zxbd/202109/t20210926_23147794.shtml。

二、守正创新：数智赋礼的省域文明新实践

（一）数智凝聚有礼之魂

1. 数智赓续"红色根脉"

浙江是中国革命红船起航地、改革开放先行地、习近平新时代中国特色社会主义思想重要萌发地，具有存量丰富、分布广泛、历史厚重的红色文化资源，红色遗迹、红色旧址遍布浙江省各个角落。为加强对浙江红色资源的系统性保护、开发、挖掘、传播和研究，2019年，浙江省委省政府印发了《关于浙江省实施革命文物保护利用工程（2018—2022年）的意见》，提出"建立浙江革命文物数据库"：一方面对浙江省现有的红色文物、建筑、遗址、文献等红色资源进行统一数字化采集、整合、储存，建成浙版红色资源数据库；另一方面对一些已经消失或损坏的红色遗迹、文物等，充分运用数字技术进行复原再现、虚拟修复，用数字化手段持续传承红色基因。

浙江省不仅将红色资源进行简单的数字化，还运用数字技术对红色资源进行创造性转化，进一步提升红色资源的教育、宣传价值。例如，红色文化教育基地嘉兴南湖革命纪念馆充分利用自身红色资源，与中国移动浙江分公司合作，运用5G、VR等信息化技术开发制作红船VR微党课《一个大党和一条小船的故事》，多角度展示红船、红船精神馆等珍贵的史料，让观众通过沉浸式体验，重温中国共产党成立这一重大历史事件。该微党课面向全省各党群活动阵地投放，观看人数超万人次，社会反响良好。[①]

2. 数智传承中华优秀传统文化

浙江省积极运用数字编码、建模、大数据、地理信息、VR、AR等数字化技术，对浙江历史文化资源进行深度整理、整合、提升。

[①] 参见陈珊、陆璐媛：《从"点燃"到"闪耀"，浙江移动开展"红色新闪耀"活动，赋能红色文化教育基地》，《人民邮电报》2021年10月28日。

第七章　数智赋礼：迈向数字文明新时代

一是运用数字技术保护、保存、修复传统文化资源。例如，浙江省打造"非遗"保护信息化平台，建设全省"非遗"数据仓，录入市级以上"非遗"项目3980项、代表性传承人3564名，各类数据9.84万条，运用人工智能技术构建"非遗"知识图谱，深挖数据关系，新建成一批如浙江大运河文化带、传统工艺、传统戏剧、曲艺、研培等专题数据库；开发"非遗"数字产品，举办"非遗"产品网上销售、在线直播活动。[1]又如，绍兴市越城区开发"历史文化名城保护传承"应用，对当地9.09平方千米古城内的单体建筑、历史街区进行全息扫描，形成云上数字孪生古城，实现对古城全域数字化保护、城市更新项目风貌管控、不可移动文物智慧监管、文化基因解码利用、文商旅融合服务功能。[2]

二是运用数字技术推动传统文化可视化。例如，浙江省文旅厅围绕良渚古城遗址，通过全媒体，全景式构建"良渚大IP"。2020年底"云上泽国——良渚文明"线上展览发布，2021年进行全球推广。该展览采用先进的交互技术，以沉浸式沙盘动画及嵌入式视频还原了良渚王城风貌，还穿插有知识问答、小游戏、影音艺术等交互形式，让历史文化遗址在参观者面前"复活"。[3]

三是加快促进文化数字化。例如，由新华通讯社、阿里巴巴联手打造的"新华智云"数字文化复合型平台，可以为不同场景的文化活动提供数字支持：（1）赋能文化场馆的数字化建设，打造上百种数字交互体验场景，在浙江省内杭州、绍兴、温州、宁波、台州等地共合作建成8座融汇文化与科技的数字化展馆；（2）搭建数据与生产平台，关联与传播中华文化资源；（3）构建系列宋韵文化知识图谱，赓续中华传统文化；（4）推出海外

---

[1] 参见徐继宏：《浙江省"数字非遗"工程赋能高质量美好生活》，《中国文化报》2021年8月26日。

[2] 参见阮越才：《数字化激活古城文脉基因》，《绍兴日报》2022年7月28日。

[3] 参见李娇俨：《浙江不断擦亮良渚遗址"文化金名片"》，《浙江日报》2021年7月9日。

传播平台，在助力中国故事走向世界等方面开展数字文化实践，并取得较好成果。基于该平台的数字化改革实践成为首个列入浙江数字化改革实践创新案例库数字文化板块的实践案例。①

四是推动"传统文化艺术＋互联网"，激活传统文化数字消费新机遇。例如，杭州戏曲小程序"峰剧场"，面向全国戏曲院团征集优秀戏曲作品，经过签约上传云端，进行线上展演，以亲民的价格让观众在线点播戏曲录像、直播，吸引了更多的年轻人关注传统戏曲文化，同时在线收益也能反哺戏曲院团，支持传统曲艺文化在信息时代的发展。②

3. 数智赋能思政工作

数智技术在浙江省培育社会主义核心价值观，加强思想政治工作、党史学习、党课教育等方面发挥了较为突出的作用。

一是构建思政数字化平台。例如，2022年，浙江省教育厅牵头开发浙江省高校智慧思政系统，整合浙江省高校网络思政中心网、"思政大脑"、智慧思政工作台，提升高校思政工作的全局性、精准性与有效性；针对高校思政工作中的重大共性需求，开发出"高校心理危机援助""辅导员谈心谈话""名师有约"等数字化应用；聚焦解决高校思政教育领域的实际问题，支持并推动各高校开发特色场景应用，涌现出如杭州电子科技大学解决课堂考勤效率低下、反馈滞后等问题的"上课啦·学业在线"，浙江财经大学解决学生日常运动难、难运动问题的"运动啦·活力在线"，宁波大学服务于学科竞赛及日常工作的"竞赛啦·学科在线"等一批智慧思

---

① 参见申钉钉：《浙江首个！数字文化操作系统入选浙江数改创新案例》，新华网，http://www.xinhuanet.com/gongyi/20221125/c74689eb8117441a8b0d-52452f88bd65/c.html。

② 参见王珏、姚雪青、曹雪盟：《拥抱新场景 乐享新体验——解码文化数字化》，《人民日报》2022年6月15日第12版。

政特色场景应用。[1]

二是创新党课教育形式。浙江各地运用短视频、在线会议等平台，创新出线上党课、云党课、短视频党课等多种数字化党课形式。例如，乐清市依托文化礼堂云管理平台，通过大数据前期分析，及时按群众对党史学习、理论宣教的具体需求设置授课主题，同时面向群众，提供党课线上"下单"、线下"送课"的新形式，精准定位基层学习需求，用群众喜闻乐见的授课方式，把党的理论政策、党史学习教育及时传播到基层、企事业单位，取得了良好的教学成效。

三是出现信息泛在化的思政数字内容载体。2019年，杭州市委宣传部（杭州市文明办）与杭州市公交集团共同推出爱国主义教育公交专线，串联起西湖边的五四宪法馆（北山街馆区）、岳王庙、盖叫天故居、杭州苏东坡纪念馆、淞沪战役纪念碑等10处红色景点和展馆，每到一个站点，车内语音系统就会自动播报站点附近的爱国主义教育场馆的红色历史或红色故事，游客随车还能听到专业讲解员的义务讲解，将爱国主义教育与文化旅游、交通出行有机融合在一起，让思政工作"润物细无声"。[2]

（二）数智营造有礼生态

1. 数智礼赞"最美浙江人"

2005年以来，浙江省坚持"在百姓中推荐好人，在生活中发现好事"，每年开展"最美浙江人·浙江骄傲"评选活动，选树了一大批"最美浙江人"典型。数字技术在其中所发挥的传播"最美"正能量、放大"最美"效应的作用不可低估。

---

[1] 参见谢盼盼、陈胜伟、许赛：《浙江：启用高校智慧思政系统 打造教育数字变革高地》，中国新闻网，2022年6月30日，https://m.chinanews.com/wap/detail/chs/zw/9792742.shtml。

[2] 参见周洲：《串起十个爱国主义教育景点 杭州新添"红色"风景线》，浙江新闻，2019年3月30日，https://zj.zjol.com.cn/news.html?id=1168388。

一方面，社会公众自发地通过社交媒体、短视频等互联网数字平台，发现、记录、传播"平民英雄"的光辉事迹，发掘了一大批"最美浙江人"。例如，2011年，"最美妈妈"吴菊萍接救坠楼女童负伤的事迹被报道后，在网络上引起极大反响，成为当时的热门话题，海外媒体也竞相报道。这一事件通过网络传播，激发了网友关于相互关爱、尊重生命的热烈讨论，有效引导了全社会的向善力量。

另一方面，相关部门、单位通过互联网对社会公众参与"最美浙江人"评选主动引导。例如，中共浙江省委宣传部、浙江广播电视集团主办的"最美浙江人·2021浙江骄傲"人物评选活动中，首次启用全民点赞推荐"身边的最美"应用程序，吸引参与约35万人次，点赞超930万人次。[①]网上点赞，不仅是为了评选"最美"，而且能通过让公众主动发现"最美"、赞赏"最美"，引导其形成礼遇"最美"、争做"最美"的良好风气，营造人人参与、全民皆美的文明生态。

2. 数智助推诚信文化

浙江省一直以来十分注重将数字技术运用于社会信用体系建设。在个人诚信方面，通过城市信用分，将个人诚信评价与惠民便民举措有机结合，形成对个人诚信的正向激励。目前，浙江省已有10个设区市启用城市信用分体系。以杭州市"钱江分"为例，该信用评价模型将浙江省公共信用信息平台自然人信用评价分纳入，对在杭州工作或生活且年满18周岁的市民进行信用评价，以"钱江分""诚信勋章"等形式，将个人诚信情况量化、可视化。基于"钱江分"系统，杭州市还推出一系列信用应用程序，向诚信得分较高的个人用户提供更为便捷的公共服务和更高的信用额度，让守信者享受更多生活便利。

在企业信用方面，将企业信用数据运用到企业信用监管、金融监管、

[①] 参见戴睿云：《930万次赞"美"，正能量收获大流量》，浙江在线，2021年12月28日，https://zjnews.zjol.com.cn/zjnews/202112/t20211228_23563635_ext.shtml。

企业征信、招投标等领域，提升信用监管效能，有效引导企业守信行为。例如，宁波市口岸办在构建口岸领域企业信用评价时，根据企业信用等级、预警名单等指标进行动态分析监测，为行业分类分级监管提供重要依据，既提高了监管效率，又让高信用等级的企业在融资、补贴发放等方面获得更多支持。[1]

浙江省的一些地方还积极探索将信用信息与社会治理结合起来。例如，龙游县自2018年以来，创新"信用+商圈治理"模式，在省公共信用信息平台信用数据支撑下，对当地商户进行信用积分评价、排行，通过评选星级商户、授信、贷款优惠等方式，激发广大商户的荣誉感、积极性和主动性，提升了当地小城镇环境综合整治的效果，占道经营、违章搭建等不文明现象明显减少，形成了守法经营、文明经营的商圈新风貌。

（三）数智赋能有礼实践

"浙风十礼"之所以能在浙江日渐盛行，除了浙江文化传统的厚积薄发、浙江人文明讲理的自觉和全省各级党委、政府的积极引导之外，数字技术的有效运用也在"十礼"践行的部分场景中发挥了重要作用。

1. 数智赋能全民阅读，助力"学有礼"

浙江省各地积极运用各种数智技术，为全民阅读创造良好环境与氛围。

在提升实体书阅读的可及性方面，浙江省多地开发了公共图书馆智慧借阅系统，让读者更为便利地享受图书借阅服务。例如，杭州市和台州市图书馆开发的智慧云服务平台，集成"码上办证码上阅""云上约书""信用借还""e书阅读"等应用，并与原有图书馆业务系统对接，实现市县互通，让读者能就近借还图书。

在营造全民阅读环境方面，一些地方通过智能设施积极打造贴近公众

---

[1] 参见冯钰林：《宁波口岸领域企业分级分类监管持续推进》，新华信用平台，2021年4月15日，https://www.credit100.com/xhxy/c/2021-04-15/666565.shtml。

生活的阅读圈。例如，金华市的爱阅亭智慧书屋、台州市的和合e书吧、温州乐清的小漫智能共享书屋等。这些智慧书屋嵌入公交站点、景区、医院、社区、学校等人流密集的场所，占地面积小，能够为附近居民、过往市民提供灵活的在线阅读和借阅服务。

在线上阅读方面，浙江省各地数字化阅读平台已成标准配置，可以为当地公众提供有声图书、电子图书、广播剧、戏曲、教育培训课程等各类数字资源。2022年6月，浙江省阅读阵地建设的重大应用——"全民阅读在线"在"浙里办"上线，应用横向多跨宣传、网信、教育、文旅等20余个部门，纵向贯通省、市、县、镇、村5级，实现资源整合，服务浙江全民阅读。

2. 数智规范交通出行，助力"行有礼"

交通出行是浙江省数智赋礼中成效较为显著的一个领域。作为国内最早推行"斑马线礼让行人"的城市，杭州市除要求职能部门积极引导和司机自觉遵守外，还运用了数字技术。2014年，杭州主城区就开始在斑马线前设置电子警察，感应、分析和记录机动车通过斑马线时的驾驶行为，监督其是否礼让行人。此外，杭州市还运用城市大脑停车系统解决学校、医院等公共场所停车难问题，推出"先离场后付费"便捷停车功能，实现一次绑定、全城通停，提升停车场出口通行效率。

针对行人和非机动车的文明出行，浙江省一些地方也涌现出数字赋能交通的创新做法。例如，嘉兴市交警支队与技术公司合作研发行人及非机动车文明劝导系统，实现对电动自行车驾驶人不戴头盔、违法载人、逆行、行人闯红灯等六大类违法行为的自动抓拍，助力交管部门对行人、电动自行车违法行为非现场治理，通过分析行人及非机动车违法时空热力图的数据，还能定位违法行为的高发区域、高发时段，为民警路面执勤地点选择

第七章 数智赋礼：迈向数字文明新时代

提供科学依据。[①] 又如，温州泰顺打造电动三轮车数字化治理平台，在治理非标电动三轮车产销、监管电动三轮车违法行为、保障电动三轮车安全使用与运营等方面取得突出成效。再如，金华市为推动智慧交通、绿色低碳交通，推出了绿色出行码，通过当地"一码通"平台，市民可以将乘坐公交车、步行等绿色出行行为兑换成"碳积分"，并在平台上换取公交车、共享单车的电子票，这一举措提高了市民绿色出行的比例。[②]

3. 数智引导文明饮食，助力"餐有礼"

在数智驱动下，浙江人正通过"餐桌革命"培养"舌尖上的文明"。例如，为推行公筷公勺，绍兴嵊州市开发了"数字公筷"应用，在试点企业为公筷公勺配备物联感知模块、信号采集基站，通过"数字公筷"云指数掌上平台，自动获取公筷公勺配备率、使用率等数据，并能及时推送信息，提醒文明用餐，令消费者公筷公勺使用率显著上升。消费者还可以通过"数字公筷码"，实现对餐饮企业点评、学习公筷公勺科普知识，观看地方戏曲等互动功能。[③]

在推动用餐光盘方面，温州大学、浙江财经大学等高校运用数字技术打造智慧餐厅。学生在餐厅用餐时，可以自行夹菜，由自动称重系统计算取走菜品的重量（精确到克）与相应价格，并基于微信和支付宝的"免密支付"功能实现无感支付，不仅实现用餐者打菜结账无须排队，而且能让用餐者更加注意膳食平衡、按需打菜，自发"光盘"，减少75%以上的餐

[①] 参见沈哲韬：《我市推出行人及非机动车文明劝导系统》，《嘉兴日报》2022年5月14日。

[②] 参见叶梦婷：《绿色出行"一码通" 金华在浙江率先发布绿色出行码》，《浙江日报》2021年9月23日第2版。

[③] 参见施本允：《浙江嵊州：首创"数字公筷"云体系 推动餐饮文明绿色升级》，《中国消费者报》2021年7月16日。

余垃圾。[1]

义乌市在智慧养老信息平台"怡养义乌"上集成面向老人的社区助餐服务应用。通过这些应用，符合助餐要求的当地老年人可以查询距离最近的社区助餐点，便于就近就餐，还可选择配送上门服务，解决行动不便的老年人"最后一百米"用餐问题。该应用还有面部识别功能，老年人只需要"刷脸"就可以到社区内的助餐点吃饭；通过跨区域信息共享，还可以让老年人"刷脸"跨区域就餐，并能实时监测助餐点老年人的就餐情况，如发现老年人用餐异常行为，可将消息及时发送镇、村两级，再由基层的联络员具体走访了解情况，帮助老年人解决相应用餐困难。[2]

4. 数智赋能志愿慈善，助力"帮有礼"

2021年4月，中共浙江省委宣传部在数字化改革中创新推出全省统一志愿服务数智系统"志愿浙江"。该平台跨部门、跨层级打造14个综合应用程序，建设全省统一的线上数字资源库、志愿服务项目库和志愿者人才库，实现了横向跨部门、纵向省市县镇村五级贯穿的志愿数据互通共享。该平台涵盖志愿者注册、志愿服务智能匹配、志愿活动招募报名、志愿组织入驻展示、志愿服务时长记录、志愿服务风采展示等功能，通过数字赋能，实现志愿服务"参与免注册、需求一键提、志愿随手做、服务精准达"。该平台还根据实际需要持续迭代更新，目前已先后上线S0、S1、S2三个版本，通过持续优化平台、不断完善志愿服务体系，让新时代文明实践志愿服务活动更精准地对接老百姓的需求，也让参与志愿活动更加便捷。

---

[1] 参见温大萱：《温州这所高校推出智慧餐厅 向浪费食物说再见》，浙江在线，2020年8月26日，http://edu.zjol.com.cn/jyjsb/gx/202008/t20200826_12250225.shtml。

[2] 参见浙江省义乌市民政局：《浙江省金华市义乌财政搭上数字化助推民生"食"事》，中华人民共和国财政部网站，2022年4月11日，http://www.mof.gov.cn/zhengwuxinxi/xinwenlianbo/zhejiangcaizhengxinxilianbo/202204/t20220407_3801566.htm。

依托"志愿浙江"省级平台,各地还进一步拓展具有特色的志愿应用场景。例如,杭州市基于"志愿浙江"平台升级改造原有"杭州文明帮帮码"模块,将新时代文明实践和志愿服务平台共融互通,构建活动共享、平台共享、数据共享的"志愿浙江·杭州市文明帮帮码"场景应用。该场景应用除具有志愿者服务功能外,还能记录每一位志愿者志愿服务的数据与积分,并能兑换为各种公共服务的优惠权益,倡导"有困难找志愿者,有时间当志愿者"的志愿服务理念。目前该平台还设立了"亚运志愿服务在线"专区,承担杭州亚运会城市志愿者和赛事志愿者的招募、组织工作。[1]

2022年5月,由浙江省财政厅、杭州市财政局与浙江省民政厅、浙江省税务局联合推出的"浙里捐赠"应用平台在浙江政务服务网、"浙里办"上线。该平台围绕慈善捐赠中的痛点、堵点、难点,重塑捐赠流程,以数字化改革和共同富裕示范区建设为牵引,以捐赠票据为抓手,整合慈善组织、公益平台等资源,协同财政、税务、民政等部门,建立善款上链、过程存证、信息溯源的捐赠生态闭环,打造服务便捷、过程透明、机制创新、监管有效、分析智能的全省统一的捐赠应用平台。截至2022年末,该平台累计捐赠量超过1500万人次,捐赠金额超过42亿元。

(四)数智打造精神文明高地

1. 智慧大脑引领全域文明

习近平总书记2020年4月在浙江考察时强调:"运用大数据、云计算、区块链、人工智能等前沿技术,推动城市管理手段、管理模式、管理理念创新,从数字化到智能化再到智慧化,让城市更聪明一些、更智慧一些,

---

[1] 参见夏琳、陈友望、孙乐怡:《"十步即芬芳":文明花开满城香 "文明杭州"再上新台阶再展新辉煌》,《杭州日报》2021年11月15日。

是推动城市治理体系和治理能力现代化的必由之路,前景广阔。"[1]近年来,浙江省杭州、宁波等地通过不断探索和创新,始终在智慧城市建设领域走在前列,在数字技术驱动下,当地文明新实践进入系统集成、推进全域文明建设的新阶段。

2018年,杭州市确立打造全国数字治理第一城的目标,将城市大脑建设作为推动城市数字化的主要抓手和重要内容。依托城市大脑平台,杭州市积极推进全域文明建设:一是打造线上线下结合的新时代文明实践阵地,构建"市级—中心—所—站—点"五级数字服务平台,充分整合各类社会资源,吸引上万支志愿团队入驻,常态化开展"迎亚运讲文明树新风"志愿服务。二是建设"文明实践地图",每个实践阵地设有专属的"文明实践码",扫描地图查看,即可实时了解文明实践活动安排,在线预约文化活动。三是打造数字化文明场景和文明实践品牌,如解决子女看望老人时小区车位紧张问题的"孝心车位",帮助老人跨越"数字鸿沟"的大学生志愿服务活动"青智助老",等等。四是构建"15分钟文明实践服务圈",杭州市坚持因地制宜、分类实施、分层推进,加大全市域文明实践中心的建设力度,进一步拓展到农村基层、未来社区和线上线下,积极构建文明实践中心的"最佳格局"。[2]

作为连续6届的全国文明城市,宁波市以争创全国文明典范城市为目标,实施文明创建智融工程,建成运行"浙里甬文明"文明典范城市创建智慧管理平台,通过构建"1+5+19+N"的架构体系,建立基础创建、常态管理、测评推动、激励引导、数智增效五大模块,开发文明村镇、文明校园、文明餐桌、文明路口等23个多跨场景应用,贯通12个区(县、市)和园区、156个镇街、3223个村社、10261个网格,实现了文明创建的全

---

[1] 鞠鹏、申宏:《习近平在浙江考察时强调 统筹推进疫情防控和经济社会发展工作 奋力实现今年经济社会发展目标任务》,《人民日报》2020年4月2日第4版。

[2] 参见徐墉:《新时代文明实践 为幸福指数"加码"》,《杭州日报》2022年1月10日第1版。

时、全域、全员、全景数字化,打造"文明智治之城"。[①]宁波市还联通市、县、乡、村四级文化礼堂智慧平台,建成区县(市)"文明大脑",各地都涌现出数字赋能文明创建的新成果。例如,北仑区在全省首创推出"文明点赞器"和"点赞文明经营二维码",用于倡导和监督文明经营活动,实现一码监督发现、一码协同督办,经营情况一屏掌控;象山县搭建"善行象山"云课堂,打造志愿服务平台,推行文明实践地图,将新时代文明实践中心、道德模范馆、文明示范线等放进网上地图,让群众参与网上实践,打造"指尖上的文明实践";余姚市开发县(市、区)版数智文明创建应用,整合接入智慧交通、文明实践等文明创建子场景进行系统分析,实现对动态不文明行为的常态长效管理,创新道德银行子场景,形成基于个人道德积分,提供市民道德信贷、子女入学补助、免费坐公交车等道德礼遇的激励闭环。

2. 数智推进城乡精神共富

浙江省在高质量推进共同富裕示范区建设的过程中,特别注重城乡区域协调发展,以数字化改革撬动城乡共建精神文明高地的创新机制不断涌现。

一是用数字化引领农村文化礼堂升级。截至2022年底,浙江累计建成20511家农村文化礼堂,已实现500人以上行政村全覆盖。2022年,浙江省委宣传部印发《关于实施浙江省农村文化礼堂效能提升十大举措的通知》,进一步提升全省农村文化礼堂效能,加速打造农村文化礼堂2.0版。通知明确指出要推进文化礼堂数字化改造,丰富"礼堂家"数字化服务内容。当前,浙江省已在省级层面构建"浙江省农村文化礼堂智慧服务驾驶舱"终端,再由地方分建地方舱,各地文化礼堂的数字化转型正在扎实推进。

[①] 参见李华、张昊:《在宁波,看见文明中国》,《浙江日报》2021年11月10日第10版。

二是以数字化推进城乡一体的现代文化服务体系。为解决城乡文化、教育等公共服务资源不均衡的问题，浙江省以农村文化礼堂和新时代文明实践中心为载体，通过5G、大数据等数字化手段，将公共图书借阅、文化艺术培训、文艺节目演出、志愿者活动等各类优质文化资源、数字化文化和文明实践活动下沉到乡村，实现"15分钟品质文化生活圈"和"15分钟文明实践服务圈"城乡全覆盖。

三是鼓励、支持各地推进数字乡村建设，探索乡村文明数字化发展新路。例如，嘉兴平湖市、宁波慈溪市等地依托当地数字乡村大脑等平台，开发"善治宝""桥头分"场景应用，将村民参与志愿服务、人居环境整治、垃圾分类等文明行为计入"善治积分""桥头分"，这些积分可转化为分红收益、兑换商品，村民也可凭借积分获得银行贷款优惠，由此实现文明实践与经济激励的良性闭环；湖州德清县打造"数字乡村一张图"，实现乡村治理可视化与民生服务便利化。

三、系统重塑：数字时代精神文明建设的"浙江路径"

（一）开拓创新："浙江有礼"的数智转型

第一，浙江精神在数字时代的传承与发展。2006年，时任浙江省委书记习近平同志将与时俱进的浙江精神概括为"求真务实、诚信和谐、开放图强"12个字。2016年，G20杭州峰会期间，习近平总书记又对浙江提出"秉持浙江精神，干在实处、走在前列、勇立潮头"的新要求。2003年，浙江开全国之先河提出建设"数字浙江"，自此之后，浙江省从建设电子政务云、"四张清单一张网"到推进"最多跑一次"改革，从政府数字化转型到全面启动数字化改革，始终走在全国前列。与此同时，从新世纪初互联网、电子商务产业的先行发展，到当前数字经济"一号工程"驱动，数字产业化、产业数字化和治理数字化进程的快速推进，无一不是浙江精神在数字时代的生动体现。此外,在经济社会与政府治理数字化转型的进程中,浙江精神的内涵、外延也在不断拓展,如源自电子商务平台的"店小二"精神,后来被发展为浙江省政府部门、机关干部面向企业、基层的服务精神;"最多跑一次"改革中提出用"数据跑"代替"群众跑"等理念,彰显了科技向善、以人为本的数字时代精神;正是在浙江省积极营造的向上向善的网络文明氛围中,"最美浙江人"效应和"最美现象"得以持续放大扩散。

第二,续写浙江历史文化的数字篇章。浙江省通过系统运用多元数字技术、建立有效的数字化机制,突破时空限制,在数字时代不断续写浙江历史文化的新篇章。在空间维度上,一方面对分布在全省各地的红色革命文化资源、优秀传统文化资源、历史遗迹遗物等历史文化资源进行数字化采集、整理、存储,以各类数据库为载体,实现了对浙江历史文化资源的集成整合;另一方面,通过线上博物馆、图书馆、视频音频数字平台,将浙江省历史文化的数字资源向内投放到省域各地市县并下沉到基层的村社区,向外辐射到全国乃至海外。在时间维度上,面向过去的历史,浙江省充分发挥数字技术的可视化、虚拟现实等功能,复原再现、虚拟展现积淀在历史长河中的浙江历史遗迹、文物、事件、红色革命场景;面向未来的时代,借助数字化平台和运营模式的创新,浙江省在新一代群体中培育地方戏剧、技艺等非物质文化遗产的欣赏者、爱好者、从业者,在数字时代焕发浙江历史文化资源的新风采、新魅力。

第三,拓展浙江文明实践的数字空间。浙江省在推进省域文明实践的过程中,通过制度、模式、机制的创新,找到了赋能"浙江有礼"的"数字密码"。

一是智慧系统助力文明治理,强化了"浙江有礼"的实效性。浙江不少城市、县乡、村社以及学校、医院等单位组织的数字大脑中都建有文明实践相关的模块,能基于数据评估、指导、管理所在地或单位的文明实践工作,使其更为精准、及时、有效。

二是数字平台增强文明协作,提升了"浙江有礼"的参与度。浙江省依托省级和各级地方的文明实践、志愿服务等数字平台,一方面推进整体智治的数字政府建设,强化各职能部门间的数据整合与工作协同;另一方面吸纳、整合社会组织、志愿者等公益、慈善力量,针对社会与特困群体的需要,匹配对接,形成共建共创共享文明的良好氛围。

三是网络媒介传播文明内容,扩散了"浙江有礼"的影响力。浙江省运用各类新媒体和成熟的数字化公共文化服务体系,将文明实践的典型事迹、标杆示范、数字文化内容、电子出版物等线上资源投放到全省域、下沉到各地基层,实现线上线下文明实践活动、公共文化服务的有机结合,让公众对"浙江有礼"更加有感。

四是数字积分量化文明行为,细化了"浙江有礼"的颗粒度。在交通出行、公益志愿、诚实守信、用餐礼仪、垃圾分类等领域,浙江省各地不断涌现出对各类文明实践行为进行数字积分量化的创新做法,不仅能够更为精准地评价企业、单位、个人的特定文明行为,而且能基于数字积分对文明行为主体进行物质或精神激励,形成文明实践的正向反馈闭环。

(二)"三位一体":打造"浙江有礼"的数智体系

2022年,数字文化系统被纳入浙江省数字化改革"1612"体系,成为六条跑道之一;与此同时,"推动数智赋礼"也被明确列为"浙江有礼"省域文明新实践的五大实施路径之一。这标志着浙江省进入了以数字化改革推动精神文明领域系统性重塑的新阶段。当前,浙江省坚持数字化改革是"重塑而非赋能"的理念,正从"数字地图、场景应用、有礼指数"三个方面打造"浙江有礼"的数智体系。

第一,建立文明实践数字地图,推动"浙江有礼"可视互联。从当前杭州等地的先行实践来看,数字地图建设是"浙江有礼"数字化改革的重要环节。各地线下文明实践阵地在统一编码后,连点成面地集成到运用电子地图和可视化引擎技术开发的文明实践数字地图上。群众可以在文明实践数字地图上查询各文明实践阵地的地址、服务提供、活动开展等信息，并能预约参加各种文明实践活动；志愿者可以根据文明实践数字地图上发布的群众需求和公益活动信息，自主选择文明实践阵地提供志愿服务。文明实践数字地图还可接入当地的数字驾驶舱和智慧大脑，让相关职能部门及时了解、评估当地文明实践工作开展情况，为决策提供数据支撑，同时也更为便捷地将文明实践的信息资源传递到辖区各阵地。文明实践数字地图的建立，将打通政府治理端、群众需求端、公共服务和志愿服务供给端，畅通供需信息，优化资源配置，提升文明实践工作的成效。

第二，创建"礼"文化数字场景应用，推动"浙江有礼"多跨协同。浙江省秉承"实用实战实效"的数字化改革理念，坚持需求导向、问题导向，找准精神文明领域中人民群众的痛点、难点等高频、突出问题提炼需求，形成清单，继而将这些需求置于特定时空内发生的事件中，即将需求场景化并找寻解决方案。[1] 当前，浙江省以精神文明领域最需要的事项和最紧迫棘手的问题为改革突破点与制度重塑点，正在谋划和建设一批跨领域、跨部门、跨层级的多跨场景应用，如"数智文明创建""志愿浙江""文E家""浙里最美""邻里帮"等场景应用已经上线启用并持续迭代。依托这些场景应用，一方面可以有效识别人民群众的重要需求，确定解决需求所涉及的多跨场景；另一方面可以找准解决场景需求所涉及的改革任务，推动相关部门强化多跨协同并进行制度重塑，最终给出场景解决方案。

第三，构建"有礼指数"数字化评价体系，推动"浙江有礼"量化闭环。2022年，在浙江省文明办牵头组织下，浙江省已经建立"浙江有礼"指数评价体系，并委托第三方开展评价。在此基础上，浙江省进一步推动评价体系的数字化，其意义不仅在于通过数字技术，提升"有礼指数"评价数据采集的无感化、实时化与可视化，提高评价工作的效能，更在于将

---

[1] 参见兰建平：《浙江数字化改革的实践逻辑，理论"矩阵"与路径设计》，《浙江工业大学学报（社会科学版）》2021年第4期。

区域精神文明建设工作进行全过程的量化。如果说数字地图和场景应用是对精神文明建设中的问题需求与解决方案进行数字化，那么"有礼指数"就是对最终的问题解决与提升效果的数字化。由此可以实现数智赋礼的全过程覆盖，推动"浙江有礼"工作高效闭环运作，同时为高质量发展建设共同富裕示范区考核和各类文明城市创建提供数据支持。

（三）数智赋礼：引领数字时代的精神文明建设

当前，迈上新征程的浙江，与时俱进书写忠实践行"八八战略"新篇章，在高质量发展中奋力推进中国特色社会主义共同富裕先行和省域现代化先行。勇担重任的浙江把握时代大势，以数字化改革引领系统性变革，加快打造全球数字变革高地，驱动实现"两个先行"。在精神文明领域，浙江省将数智赋礼融入"浙江有礼"省域文明新实践，先行探索数字时代省域文明建设的新理念与新机制，奋力书写促进人民精神生活共同富裕的浙江答卷。数智赋礼，就是"浙江有礼"的数字密码，引领浙江迈向数字文明新时代。

第一，坚持以人民为中心，回答"数智为谁赋礼"的问题。从世界各国实践来看，数字化是一柄"双刃剑"，既能促进经济社会向前发展，也有可能造成平台垄断、数字鸿沟、扩大贫富差距等新问题。因此，能否造福人民群众，是检验数字化"科技向善"的根本标准。按照"浙江有礼"以人的现代化为核心的要求，浙江省始终坚持以人民为中心，让人民群众对数智赋礼有感。

一是有获得感。借助数字化平台，浙江省加快构建现代公共文化服务体系，围绕社区、乡村打造15分钟品质文化生活圈，为人民群众提供更丰富、更便捷、更"对味"的文化产品，满足人民文化需求。

二是有参与感。浙江省通过政务平台、各类融媒体平台，一方面主动聆听公众意见建议，收集提炼精神文明领域的高频、紧迫需求，以集聚的民意为问题导向，推进文明新实践工作；另一方面引导公众通过网络传承

"红色根脉"、传播优秀文化、发现"最美"、传播"最美",运用数字积分,激励公众养成文明守信的行为习惯。

三是有赋能感。通过"志愿浙江""邻里帮""文E家"等各类场景应用,增强公众自主开展公益活动、参与基层治理、提升文化素养的意愿和能力。数字化在构建公众主动践行"浙江有礼"的良好生态方面功不可没。

第二,从数字赋能到系统重塑,回答"数智怎样赋礼"的问题。

一是超越技术理性,走向制度理性的数智化。浙江省将数字文化系统纳入数字化改革"1612"体系,提出制度重塑的改革理念。浙江省的数智赋礼已经超越在个别问题、业务和场景中零敲碎打地运用数字技术的数字赋能阶段,是要在省域一体化全方位地推进数字化,将省域精神文明领域的建设、发展与治理建立在网络化、信息化、智能化的基础上。

二是克服形式主义,讲求实战实效的数智化。浙江省在推进数字文化建设时强调问题导向,"服务生产、生活和治理……要以实实在在的流量来说话,用最短路径、最低成本、最少时间,形成数字文化系统建设最佳方案"[①]。作为浙江省数字文化改革的核心内容,数智赋礼工作也必将按照上述要求推进,杜绝为了数字化而数字化的形式主义,不搞"盆景式"的数字化,而是从文明新实践工作中的痛点、难点问题和人民群众的高频、迫切需要出发,将需求场景化,将场景数字化,将改革清单化,多跨协同给出解决方案,并通过"有礼"指数的数字化评价考核成效,形成工作闭环。

三是弥合体用二分,探索内化于礼的数智化。在数字化改革的有力驱动下,浙江省的数智赋礼正在突破"有礼为体、数智为用"的体用论,积极探索通过系统重塑,实现数字时代技术、制度、文化、文明融合发展的新路径。在推进数智赋礼的过程中,数字意识和思维、系统观念、多跨高效协同、闭环管理等思想理念也正在形塑"浙江有礼"的精神新面貌和文

---

① 施力维:《加快打造数字文化系统的标志性成果》,《浙江日报》2022年6月3日。

明新风尚，成为浙江精神、浙江文化在数字时代的新发展。

第三，从"五个文明"到数字文明，回答"数智向何方赋礼"的问题。数字文明是物质文明、政治文明、精神文明、社会文明、生态文明在数字技术、数字经济高度发展的基础上获得的更高效的实现途径，进而表现为一种共生共融的复合的文明实现形态。[①] 在推进"五个文明"现代化的进程中，以建设数字文明为突破口，是浙江省奋力推进"两个先行"的必由之路。浙江省第十五次党代会报告中明确指出要扎实推进"全民共享、引领未来、彰显制度优势的数字文明建设"。由此可见，数智赋礼正是推进浙江省精神文明领域现代化、在共同富裕中实现精神富有的目标与路径。浙江省的数智赋礼，是要发挥人的主体性、提升人的数字素养从而实现数字时代人的现代化；是要推动文化产品与服务的生产、传播、消费方式的数字化变革，在传承与变革中产生新的数字文化；是要重塑公共服务与社会治理系统，实现数字红利的公平分配与数字社会的有效治理，满足人民群众对美好数字生活的需求；是要培养和引领数字时代的文明风尚与行为规范，以数字化的"浙风十礼"打造数字时代精神文明形态的"浙江样板"；是要在精神文明领域探索出一条具有浙江特色的高质量数字化发展道路，为推进和拓展中国式现代化作出更大贡献。

---

① 参见宋雪飞、张韦恺镝：《共享数字文明的福祉——习近平关于发展数字经济重要论述研究》，《南京大学学报（哲学·人文科学·社会科学）》2022年第3期。

第八章

礼和天下：
"浙江有礼"对人类文明新形态的探索

8

浙江有礼——共同富裕社会的"文明密码"

中国式现代化不仅是经济、文化的现代化,更是人的现代化。在党的二十大报告中,构建人类命运共同体成为中国式现代化的本质要求。习近平总书记在学习贯彻党的二十大精神研讨班开班式的讲话中指出:"中国式现代化,深深植根于中华优秀传统文化,体现科学社会主义的先进本质,借鉴吸收一切人类优秀文明成果,代表人类文明进步的发展方向,展现了不同于西方现代化模式的新图景,是一种全新的人类文明形态。"在这个意义上,"浙江有礼"省域文明新实践是对中国的和合文化、人的现代化以及人类文明新形态的一种理论与实践的双重探索。也正是在不断探索的过程中,中华文明的感召力得以充分展示,人的价值尊严得以彰显,人类文明的理想得以呈现。

一、"礼"与和合文化

"浙江有礼"省域文明新实践以实践行动推动人们不断地进行经验总结和理论反思。"浙江有礼"既是对传统中国礼文化的继承,也是礼文化在现代社会的体现,更是对礼文化的精神——和合文化的发展。

第八章　礼和天下："浙江有礼"对人类文明新形态的探索

（一）关键概念辨析：礼、文化与文明

在人类社会发展的意义上，礼与文化、文明等概念直接相关。人们在日常生活中经常使用礼文化、礼仪文明等概念，这不仅因为礼自身内容的丰富性，还因为我们可以从多重视角理解礼。绪论已经对"礼"的内涵进行了阐释。本章重在阐明理解礼、文化与文明概念的视角及三个概念的相互关系，这也是本章理论思考的前提。

礼源于人的生活实践经验，蕴含着中华民俗代代相承的实践智慧。根据已有的关于"礼"的词源与含义进行分析，"礼"在中国哲学中主要在三种意义上被使用。

其一，在本体论意义上理解的"礼"。《左传·昭公二十五年》："夫礼，天之经也，地之义也，民之行也。"礼对天、地、人具有规范作用，这种规范性对人的存在具有本体论意义，表达了人的行为合理性依据以及人应该如何看待天、地、人这三者之间的关系。

其二，在社会价值取向意义上理解的"礼"。中国是礼乐之国，古代关于"礼"的典籍有反映人法天的治国思想的《周礼》，记载先秦礼制、礼仪的《礼记》，等等。如钱穆先生所言："中国人之所以成为民族就因为'礼'为全国人民梳理了社会关系准则。"[1]换言之，无论从政治共同体还是伦理共同体的视角看，"礼"的具体内容都蕴含了社会的价值取向，进而包括了人们之间的社会关系准则。

其三，在个体美德意义上理解的"礼"。涉及个体行为时，"礼"的含义重在"修身"，如孔子所言："克己复礼为仁。"儒家认为，修身应该是内外兼修。"所谓内外兼修有两层意思，一是要把握礼的内涵与形式；二是要把握'质'与'文'的关系，做到形神兼备，内外一致。"[2]对个体而言，

---

[1] ［美］杰里·邓尔麟：《钱穆与七房桥世界》，蓝桦译，社会科学文献出版社1995年版，第8页。

[2] 彭林：《礼与中国文化》，载《礼与中国文化：第五届"东岳论坛"礼仪中国学术研讨会论文集》，东岳书院编，中国社会科学出版社2012年，第13页。

"礼"意味着人能够将"礼"的要求转化为自己的行为,养成个体的美德。

相比较而言,文化与文明这两个概念之间关系的争议性更大。根据雷蒙·威廉斯的解释,"文化"的词义演变非常复杂。这个词的现代含义的演变主要体现为三类问题:"文化"作为独立的抽象名词,一是"用来描述18世纪以来思想、精神与美学发展的一般过程";二是"用来表示一种特殊的生活方式";三是"用来描述关于知性的作品与活动,尤其是艺术方面的"。[1]"文化"从古代强调对自然物的栽培、培养,发展到现代社会用以描述一个民族、国家、区域等特定历史时期的生活方式(发展过程),其含义不再局限于人们生活的物质领域,也包含了精神领域。在"文化"用以指人类变得有教养这个过程的意义上,其与"文明"基本是同义词。

文明的对立面通常指野蛮、未开化。按照威廉斯的说法,文明"通常被用来描述有组织性的社会生活状态,在启蒙精神的引领下,其旨在表达一种确立的优雅、秩序状态"[2]。可以看出,文明标志的是一个人、一个民族、一个国家乃至人类走向教化的过程。这也是一个历史的发展的过程,充满了对人类未来的期待。

根据上述分析,可以大致归纳礼、文化与文明三者之间的关系如下。

其一,礼、文化、文明概念彼此互通互释。礼的形式和仪式彰显出文化、文明的发展程度。有学者以礼文化作为中国文化的核心,可以证明这两个概念之间的互释关系。

其二,礼的概念自身具有丰富的规定性。礼的概念,既涉及本体论方面,也涉及社会关系结构和个体美德。所以,本章的研究内容以礼与社会结构、礼与个体的成人以及礼与人类的未来三个维度为贯穿的线索。

其三,"礼""文化""文明"三个词在哲学、伦理学的意义上使用时

---

[1] [英]雷蒙·威廉斯:《关键词:文化与社会的词汇》,刘建基译,生活·读书·新知三联书店2005年版,第106页。

[2] [英]雷蒙·威廉斯:《关键词:文化与社会的词汇》,刘建基译,生活·读书·新知三联书店2005年版,第47页。

具有肯定和否定两类价值评价的特质。这里的价值评价就隐含了作为前提的评价标准与评价主体，而这也就意味着"礼和天下"，即"浙江有礼"省域文明新实践对人类文明新形态的探索具有历史性、开放性以及理解维度的多样性。

（二）现代社会的礼文化

就中国古代礼治社会而言，礼既代表社会制度秩序，也代表社会文化。即使在西方社会，礼仪也同样具有规范和教化人的作用。在现代社会，礼蕴含着价值规定，它已经影响到社会意识形态和社会生活的各个领域，至少体现在人们生活的物质领域、精神领域、制度领域和行为领域，并对人们的生活形成一种健康向上的价值导向，规定并引导个人的价值追求以及向现代之礼的复归。

现代社会的显著特征就是工业化、机器化、技术化带来的工业文明，与之相伴随的就是社会的层级化和管理的科层制。由此，现代社会的物质文化主要是人们的知识、智能的物化体现，具体表现为人们的生产活动方式和产品。也就是说，人类改造自然、加工创造产品的过程中，也创造了相应的物质文化。物质文化之礼在于：一方面，物质生产活动过程本身要遵循一定的程序之礼，尊重自然、物、物品的生命价值，而不是机械地改造和利用物质世界；另一方面，我们要尊重自然、遵循自然界的规律，比如对历史建筑的修缮、对自然界的开发等，尤其是物质生产的"礼"始终面临如何处理人与自然的关系、人与物的关系的问题。

精神文化指人们在物质生产和社会实践中形成的价值观念、审美趣味、宗教情感等，可以说是人类各种意识观念的集合。在不同领域，精神文化的内容和表现不同，精神文化之礼亦不相同。总的来说，精神文化之礼应该体现人对自身存在有限性的某种超越，体现人的自由精神。这种自由精神最终是为了人自身的自由、健全与完善。精神文化，尤其是伦理精神文化的探索意味着一个民族、国家有可能确立怎样的伦理秩序与道德观念。

制度文化是人类在社会实践中自主创制的行为规范准则和社会组织以及制度形式等呈现的文化。制度"首先标识的是特定社会交往关系的框架结构、运行机制及其程序,这种框架结构、运行机制是对社会不同阶层、集团基本权利—义务关系的基本安排"[1]。这样的一种制度安排在古代社会体现了社会的伦理关系结构,以及人与人之间的等级关系。但是,就现代社会而言,制度文化之礼重在体现社会的制度伦理精神,指向一个善的、好的政治制度的可能性和有效性。好的制度文化之礼在消极的意义上要避免制度腐败,在积极的意义上要坚持制度理性,在社会主体平等的基础上要保证权利—义务关系的安排具有正义性。

行为文化是人们在实践交往中形成的一种约定俗成的行为习惯,其逐渐发展为一个社会的非制度性的文化,主要存在于人们的风俗、礼俗之中。行为文化中有人们的生活习惯和情感积淀,尤其是风俗文化活动,更是体现了礼在民间的传承。需要注意的是,"习俗是没有反对的活动,在那里边只剩下一种形式上的持续,生命的目的原来所特别具有的丰满和深刻,在习俗里是谈不到了"[2]。现代社会的行为文化之礼一方面要以传统文化习俗为出发点,另一方面要在时代中发展传统习俗的行为文化之礼。习俗中的行为文化是一种社会力量,蕴含着人们相应的礼仪文化和美德,但是其在现代社会的合理性并不能因其古老而得到保证。现代社会的行为文化之礼在于克服传统行为文化的保守性和消极性,在代际之间形成一种继承发扬的行为文化。

(三)"浙江有礼"对和合文化的发展

2022年5月,浙江省文明办正式印发《关于推进"浙江有礼"省域文明新实践的实施意见》,旨在倡导全社会践行"浙风十礼",即倡导时代

---

[1] 高兆明:《制度伦理研究——一种宪政正义的理解》,商务印书馆2011年版,第12页。

[2] [德]黑格尔:《历史哲学》,王造时译,上海书店出版社2001年版,第75页。

的六种新风和十种礼的规范。其中,"浙风"作为整体性的原则,基本涵盖了社会的物质文化、精神文化、制度文化以及行为文化领域;"十礼"则将"浙江有礼"的实践落实到人们的具体生活实践领域,使得"礼"成为人们的行为习惯。

礼在浙江文化的发展过程中具有举足轻重的地位,这与浙江文化的特征有一定关系。佘德余在《浙江文化简史》中将浙江传统文化的特征概括为四个方面:"一是水文化、智者文化,具有以柔克刚、刚柔相济,处事善于发挥所长,善于把握行动时机的特长。二是眼界开阔,思维敏捷,创新进取,富有活力。三是士农工商同道,义利相互兼顾,经济与文化同步发展。四是多元性、交融性、互补性。"[1]这样的传统文化特征使得浙江在当下的发展过程中既保持地域文化的稳定性,又具有兼容并包的开放精神。同时,浙江省2010年就提出"必须准确把握文化发展的新特点新趋势,努力实现文化大省建设新突破",并形成了建设文化大省的独特经验。

"和"本身已经包含了"合"的意思,就是由相和的事物融合而产生新事物。习近平总书记创新了"和合"的发展理念,赋予其以时代的内容,倡导中国特色社会主义的发展应该是全民共享、全面共享、共建共享。"浙江有礼"省域文明新实践就是浙江省注重文化互补,形成文化合力,弘扬、发展中国传统的和合文化精神。

在"浙江有礼"的实践过程中,浙江以"礼"先行,打造精神文明新高地。首先,"浙江有礼"以科学理性为主导,推进了和合文化在新时代的发展。此处的和合文化主张"和实生物",浙江省在文明建设中走在时代前列的同时,勇于吸纳其他省域文明发展的成果,做到唯实惟先、开放大气:一方面,排斥简单的同一性,找准浙江文化发展建设的特殊性,同时努力探寻浙江与其他省域文化发展的共性、一致性;另一方面,在自身发展以及省域发展的矛盾和冲突中,寻求一种动态的平衡。

---

[1] 佘德余:《浙江文化简史》,人民出版社2006年版,第11—29页。

其次,"浙江有礼"对和合文化的发展在于以社会精神文明实践推进人与社会的共存共荣。具体举措有:通过实施"全民学礼、人人代言"行动、"窗口看齐、礼迎亚运"行动、"十百金名片"培育行动等推进有礼实践;实施"品牌可视"行动、"基因解码"行动,举办"浙江有礼"高端论坛等,推介"有礼"品牌,注重理论与实践的转化。目的在于通过有礼活动的开展,提升人们的文明素养,尤其是人们的共同体意识,让人们意识到个人与共同体之间是一种血脉相承、共存共荣的关系。

最后,"浙江有礼"彰显了礼与和合文化所倡导的以人为本的精神,积极构建良序和谐的社会,承认人的文化本体性,即"人是文化的存在","文化是综合人的属性的中介和纽带,也是统摄和整合人的行为的规范和评判价值"。[①] 人们在"浙江有礼"的实践中做到爱国爱乡、知书达理、重诺守信、珍视自然,珍视人类社会发展已经取得的文化成果。通过"浙江有礼"的实践活动,不但可以形塑"人文浙江",使"人文浙江"获得感性的存在方式,而且可以以时代发展的新问题、新理论进一步解释人的文化本体性的价值与意义,在理论上发展人作为文化的存在所面临的新的时代使命。

二、礼与人的现代化

礼以规范的形式将人塑造为社会的人,一定阶级、阶层的人,同时也是文明有礼的人。礼在时代的发展变迁中不断地获得丰富的内容。同时,"礼的基本精神又是不能改变的。这个精神,就是'重民',就是人文精神"[②]。在中国社会,礼的发展和延续则进一步涉及从传统到现代的转向中人性的改善、人的现代化以及培育人的现代化等问题。关于"浙江有礼"

---

① 张仁汉、罗许成:《人的文化本体与"人文浙江"的建构》,《浙江社会科学》2011年第3期。

② 蒙培元:《孔子与中国的礼文化》,《湖南社会科学》2005年第5期。

第八章 礼和天下:"浙江有礼"对人类文明新形态的探索

省域文明新实践,我们需要反思"新实践"如何培育人的现代化乃至实现人的现代化。①

(一)人性的改善:从传统到现代

从传统到现代意味着一种跨度和转向,其涉及的不仅是时间跨度的问题,而且是价值尺度的问题。此价值尺度关乎社会结构的变化,也关乎我们如何理解作为个体的人。本节首先厘清现代社会之现代的特征,进而解释现代人的含义是什么,我们生活在现代,是否意味着我们就是现代人。

相较于传统社会,现代社会强调民主、法治。在个人以及人与人之间关系的意义上,现代社会区别于传统社会或者说前现代社会的主要标志是从身份向契约的转变,也就是从传统的阶级身份基础上的人格依附转向现代契约基础上的人格平等关系。从传统到现代的转向过程是一个国家的现代人格逐渐确立的过程,也是文艺复兴和启蒙运动所倡导的基本价值尺度逐渐确立的过程。

这样一种社会结构和社会关系的转变给我们的启示在于:

一方面,人性不可改变,也就是自然固有的、先天本性意义上的人性不可改变。如同康德所言:"我们的禀赋中为天性所固有的善和恶,其总量始终是同样的,并且在同一个个体的身上既不会增多也不会减少。"②换言之,人性具有一定恒常性,我们的心灵结构具有相对的稳定性与不变性。

---

① 当谈及"现代化"时,还有一个概念,即现代性。此处作两点说明:第一,我们讨论的现代化重在从价值维度进行思考,在具体的写作过程中涉及社会的现代化与人的现代化等问题;第二,关于现代性,我们认为其是对现代化过程中社会生活和文化的特定形态性质的概括。

② [德]康德:《历史理性批判文集》,何兆武译,商务印书馆1990年版,第148页。持有此种观点的思想家还有阿伦特、福山、赫拉利等。尽管他们所面临的时代问题不同,但是他们对人性恒常的主张说明:人类社会之所以可能朝着文明的方向发展,在一定程度上是社会外在环境使然。

但是，这并不否认人性具有向善的可能性。换言之，人性的改善过程是文明化的过程，也是善与恶、善与善之间相互斗争和妥协的结果。如果自然先天本性意义上的人性要作出改变，那么这需要相应的技术，如生物工程技术对人的基因的改变。这一问题已经超出本书的讨论范围。

另一方面，人性是可以改变的，也就是文化（文明）意义上对人性的塑造是可能的。我们可以改变的是人性的呈现方式，"如果生活环境发生重大变化，如大规模战争、动乱，一个人很容易变得野蛮残暴。只有好的社会制度体制才能保证一个人变得比较文明"[1]。从前现代社会到现代社会，人类社会越来越文明，这一变化说明，现代民主法治制度可以更好地让人性抑恶扬善，使得人性向善生长。同时，现代社会对如何成为一个现代的人提出了相应的要求，人性的内容具有历史性，这也使得现代人和古代人的人性呈现是不同的。我们谈论人性的改善主要是在此意义上谈论人类逐渐文明化是何以可能的。

由此，从传统到现代，从人身依附到人格独立平等，分析、理解人性的改善，也是在分析、理解文化与文明的可能。"文化是一个处在不断变化与发展中的有机体，不是一个完成形态的静物，不能把文明塑造成静态的理想形态。"[2]从传统社会到现代社会的转变过程中，应该强调个人的现代性改造，使得人们成为具有现代人格的人。这个改造过程并不是指创造发明了现代人，也不是指现代人实现了人之为人的完满人格。我们要在一种动态的发展中，以历史的眼光看待人性的改善：人何以成为现代的人？现代人的特质是什么？现代人又应该如何正视时代提出的挑战，并承担相应的历史使命？简言之，何谓"人的现代化"？

---

[1] 高兆明：《人类人性改善是否可能》，《辽宁日报》2018年7月9日第6版。
[2] 罗荣渠：《现代化新论——世界与中国的现代化进程》（增订本），商务印书馆2009年版，第476页。

（二）何谓"人的现代化"

现代化在某种意义上可以称之为一个世界性的历史进程，也是一种全球化的进程，其源自工业革命，以工业为发展推动力，并将这种力量渗透到人类的思想观念、政治、文化等各个领域。现代化的理论研究可谓"百家争鸣"，且具有历史的继承性。尽管关于现代化的理论研究视角不同，对现代化所持的态度不同，但是研究者们基本赞同现代化的目标是人的现代化，在生活生产现代化的基础上实现人的价值观念、人的社会生活方式的现代化。

20世纪四五十年代，西方学界展开"人的现代化"的研究。韦伯在《新教伦理与资本主义精神》中将现代人描述为具有资本主义精神的清教徒，开启了在经济层面探讨现代化的生活方式与在经济增长的相互关系中讨论人的现代化问题。20世纪的后半期，关于人的现代化问题的研究在宏观和微观领域均取得了相应的成果，比如，结构功能主义学派提出"社会角色期待"理论，亨廷顿等学者强调从制度化层面探索人的现代化途径。同时，研究中也兴起了人类中心主义、反人类中心主义、未来学等新思潮和跨学科研究人的现代化问题。进入21世纪，更是掀起了重新审视全球现代化以及人的现代化的研究热潮。

这样的简要回顾已经在提示我们：其一，人的现代化是一个发展过程，且我们可以从不同的研究视角去反思人的现代化所包含的内容；其二，即使人已经成为现代化的人，也不意味着人是完美的人，如果不再有善恶之争，不再有社会和人的发展，历史和人就将终结；其三，即使关于人的现代化有诸多理论观点，也仍然存在公认的现代社会的人的特质。那么，我们如何理解现代人的特质呢？

美国社会学家英克尔斯和史密斯的《从传统人到现代人：六个发展中国家中的个人变化》通过数据分析得出现代人的特点涉及四个方面的内容："他是一个见闻广博的、积极参与的公民；他有明显的个人效能感；在同传统的影响来源的关系中，他有高度的独立性与自主性，特别是在他决定如何处理个人的事务时尤为如此；他乐意接受新经验以及新的观念，也就是说，他是相当开放的，在认识上是相当灵活的。"[1] 上述四个方面的内容已经揭示出现代人的特质在于：作为现代公民，现代人应该积极地参与公共事务；作为独立的个体，现代人更注重效用与自我利益；与此同时，无论是公共领域还是私人领域，现代人都强调人格的独立平等，具有自主的判断力；现代人还保持着开放的心态，不会将自己民族、国家的文明作为人类文明的唯一进程。

从英克尔斯、史密斯对现代人特质的描述和分析中，我们还能看出很多思想家认同的现代人特质中的消极性。比如，对自我效能和利益的关注可能会导致现代人的个人主义和工具理性主义泛滥，即"一种我们在计算最经济地将手段应用于目的时所凭靠的合理性。最大的效益、最佳的支出收获比率，是工具理性成功的度量……工具理性不单单是已经扩展了它的范围，它对我们的生活也有取而代之的威胁"[2]。这样的工具理性，相当于功利理性、计算理性，关注策略性地获得个人利益和成功。进一步而言，个人主义和工具理性还可能滋生出社会的分裂，使得个人走向自我内心，不再有共同的目标，也不再提及为社会乃至人类的共同目标而奋斗。

此处，我们主要以西方关于人的现代化的理论研究为切入点，呈现现代人的特质。中国的现代化事业具有自己的独特性。党的二十大强调，我国现代化是人口规模巨大的现代化，是全体人民共同富裕的现代化，是物质文明和精神文明相协调的现代化，是人与自然和谐共生的现代化，是走和平发展道路的现代化。但是，在人的现代化问题上，我们仍然分享着人类共有的关于人性、人类价值精神的成果。

简言之，人的现代化是指在社会从传统到现代的转型过程中，人的价

---

[1] ［英］阿列克斯·英克尔斯、［英］戴维·H. 史密斯：《从传统人到现代人——六个发展中国家中的个人变化》，顾忻译，中国人民大学出版社1992年版，第424页。

[2] ［加］查尔斯·泰勒：《本真性的伦理》，程炼译，上海三联书店2012年版，第5—6页。

值观念、品格修养、思维方式等发生的变化,其本质是人性在现代社会的呈现。推进人的现代化,就是要推进人的自由而全面的发展。

(三)"浙江有礼"培育人的现代化

中国特色社会主义现代化建设要实现民族的复兴、人民的富裕、国家的强盛。中国的现代化建设证明,通往现代化的路径是文化传统、政治系统、社会结构、经济进程等因素相互作用的结果,而不是和西方世界逐渐同质化的结果。在坚持中国特色社会主义现代化建设的过程中,中华民族的礼文化在现代的发展就是其特色之一。"礼代表了一种责任感、使命感与执行力,这种强大的文化观念与仪式操演使中国人形成了代代相传的优秀品质。"[1]"浙江有礼"省域文明新实践恰恰反映了现代中国人对礼文化的传承,将礼的精神现代化,使礼可感可及,目标是在实践过程中,培育人的现代化,使其具有现代社会公民的基本素养,推进人的全面发展。

"浙江有礼"省域文明新实践的核心是育人,以人的现代化作为共同富裕的最终目的,通过实践,具体阐释浙江省的精神文明应该以何种方式满足人的全面发展,以何种价值引导人的全面发展,从而推进实现人的现代化。

"浙江有礼"以文明实践推进人们行礼,在实践中养成个人的良好美德和社会的良好风尚。"浙江有礼"以实事项目聚焦帮助解决群众反映集中的精神文明领域的共性需求和普遍问题,已经推选出"孝心车位""共享花园""爱心食堂""关爱山区孤寡老人""青少年心理健康护航""劳动者有礼驿站"等首批15个项目。这些项目涵盖文明习惯、文明风尚、公共秩序、公共服务、基层治理等多方面的问题。实事项目与传统社会解决民生问题的举措的区别在于:前者以现代社会的人的独立平等为基础,即

---

[1] 马智捷:《对中国礼文化西方接受史的思考》,《中华文化海外传播研究》2018年第2辑。

以人的人格尊严为基础，进行项目的设计、实施与检验。这样的实践指向培育人的现代化的目的，因为它以对人的平等尊重为前提，以人与人的合作为基础，在实践项目中培育人成为一个好公民，成为一个好人。"公民既不是霍布斯意义上的原子式的个人，也不是仅仅具有服从意识的臣民，只具有服从精神的公民无疑就是具有奴性精神的愚民。"[1]在这个过程中，人能更好地处理好公私的边界、个人美德与公共道德之间的关系，具备现代人的基本素养。同时，"浙江有礼"在公共服务、基层治理方面尽可能做到均衡发展，为人的现代化创造公平共享的社会环境。

"浙江有礼"以有礼讲堂、宣讲活动等揭示浙江文明的发源、形成与发展，以感性的表达培育人们对礼的认知，增强文化自信；在宣讲中，以"求真务实、诚信和谐、开放图强"的浙江精神弘扬中华优秀传统文化，培育践行社会主义核心价值观，加强先进文化建设；在感性实践中，摒弃与现代人的成长和发展相脱节的传统文化习惯，积极构建与人的现代化发展相适应的价值体系。郑永年在接受《浙江日报》记者的访谈时曾提出："从个体层面来说，高水平推进人的现代化就是实现人自身的全面发展，即公民道德素质、健康素质、科学文化素质和法治素养、数字素养大幅提高。"[2]"浙江有礼"是对人的现代化的高水平推进，通过综合素养的提升培育健全人格，实现人的能力素质、价值观念、行为方式以及社会关系的现代化，同时，这种现代化又植根于本民族的精神文化传统。

人与社会环境处于双向互动的过程，正如马克思所言，"人创造环境，同样,环境也创造人"[3]。"浙江有礼"省域文明新实践发展了人的多方面能力，丰富了人们社会交往的可能性。"浙江有礼"在为共同富裕注入精神动力的同时，也不断地发现精神文明建设中存在的问题，发现阻碍人的现

---

[1] 李金鑫：《道德能力研究》，社会科学文献出版社2020年版，第236页。
[2] 《高水平推进人的现代化——访香港中文大学（深圳）教授、前海国际事务研究院院长郑永年》，《浙江日报》2022年6月23日。
[3] 《马克思恩格斯选集》第一卷，人民出版社1995年版，第92页。

代化的社会要素，并积极提出解决问题的方案和策略。人的现代化是一项未竟的事业，"浙江有礼"省域文明新实践还应该努力打造人的现代化的评价体系、指标，运用实践和比较的方法找到人的现代化进程中体现的问题与区域差异，更好地满足人的现代化发展的需要。

三、礼与人类命运共同体

礼仪是一个人、一个民族、一个国家文明程度的标志，其内容具有鲜明的时代性与历史性。礼作为中国的文化体系之一，既具有人类文化的普遍性，也具有中国特色的特殊性。人类命运共同体作为新时代中国共产党治国理政和推动全球治理的实践智慧，其倡导的持久和平、开放包容等价值理念源自中华优秀传统文化之礼，亦是对中国礼文化的创造性转化。

（一）人类命运共同体：人类文明的愿景

人类命运共同体理念是习近平新时代中国特色社会主义思想的重要组成部分，彰显了中国共产党对全人类命运的自觉观照。《中共中央关于党的百年奋斗重大成就和历史经验的决议》指出："党推动构建人类命运共同体，为解决人类重大问题，建设持久和平、普遍安全、共同繁荣、开放包容、清洁美丽的世界贡献了中国智慧、中国方案、中国力量，成为推动人类发展进步的重要力量。"[1] 推动构建人类命运共同体不但以每一个民族、国家的独立存在为前提，而且将其视为一个共同体，在为人类文明的发展锚定方向的基础上，探索人类的共同文化价值和人类文明新形态的可能。人类命运共同体理念对人类文明愿景的构想与推进至少需要解释如下三个方面的问题。

---

[1] 《中共中央关于党的百年奋斗重大成就和历史经验的决议》，《人民日报》2021年11月17日第1版。

第一，为什么人类命运共同体可以为人类文明锚定发展方向？"人类命运共同体，顾名思义，就是每个民族、每个国家的前途都紧紧联系在一起，应该风雨同舟，荣辱与共，努力把我们生于斯、长于斯的这个星球建成一个和睦的大家庭，把世界各国人民对美好生活的向往变成现实。"[1] 人类命运共同体的理念源于中华优秀传统文化，尤其是和合文化精神。这是对优秀传统文化的创造性转化，赋予"相异"与"和合"的统一以时代的内涵，做到和而不同、天下大同。这一理念之所以能够为人类文明锚定发展方向，是因为其倡导的和合文化在承认文化相异的基础上，建设包含和谐、和睦、和平精神的世界和合文化。这既不同于以个人主义为基础的西方社会的"世界公民"思想，又发展和诠释了马克思"自由人联合体"的思想。人类命运共同体的理念推动构建人类命运共同体，关注全人类价值，将全世界人的利益视为一个整体，引领人类文明的发展。

第二，构建人类命运共同体如何推进人类文明的发展？人类命运共同体理念在推进人类文明发展方面作出了有益的探索。一方面，人类命运共同体理念尊重人类文明演进的历史规律，以及从孤立到合作、从个体到整体的演变发展过程。随着现代科学技术的发展，人类文明呈现出多样性与整体性并行的特征，只有遵循人类文明的发展规律，才有可能推动人类文明持续向前发展。另一方面，人类命运共同体理念在改善生态环境、推进全球治理、稳定国际合作关系等方面全方位地推动人类文明的发展。法国汉学家皮埃尔·皮卡尔认为："以往的国际关系建立在霸权的基础上，中国希望翻开国际关系的新篇章，通过构建人类命运共同体实现中国与世界的双赢。"[2] 构建人类命运共同体需要调动民族国家或者说各方主体的积极性，在实践中发挥各自的作用，其具体构建路径需要发挥各个民族国家的主体性地位，积极地参与到共享、共建和共同发展的过程之中。

---

[1] 习近平：《习近平谈治国理政》第三卷，外文出版社2020年版，第433页。
[2] 转引自张秀萍、张光哲：《海外人士关于人类命运共同体理念的认知图景》，《国外理论动态》2022年第3期。

第八章　礼和天下："浙江有礼"对人类文明新形态的探索

第三，构建以人类命运共同体为基础的人类文明发展方向是不是单一的？人类命运共同体理念是习近平新时代中国特色社会主义思想的重要组成部分，其代表了人类文明未来的可能，既不主张霸权主义，也不主张文明单一论。相反，人类命运共同体理念主张文明互鉴、兼收并蓄、和谐共生。"文明之间要对话，不要排斥；要交流，不要取代。"① 文明互鉴意味着平等地对待不同民族、不同国家的文明，以实践架起文明互鉴的桥梁，确保人类文明朝着开放、民主、和平的方向发展。文明是多元的，也是多样的，人类文明的统一在于坚守和保证文明的发展方向，追求人类发展的共同价值。这里的统一不是单一，而是以民族国家的文明的自主性和特殊性为前提，在统一中实现民族国家的文明价值精神。

（二）礼与民族国家的文化认同

构建以人类命运共同体为基础的人类文明坚持对民族国家的文化认同。在此处，我们就需要澄清认同之礼与民族国家文化自身之礼。对民族国家文化的认同需要建立在一定的礼仪文明原则基础上，同时民族国家的文化之礼又构成了人类文明的重要组成部分。

在现代化的过程中，民族国家是人类文明发展的主体。"现代化并不意味着一个导致新的统一文明的唯一进程，而是面临相似问题和共同全球状况的多种不同经验。"② 尽管现代文明中的技术、经济乃至政治制度均是西方在向整个世界扩散，但这并不意味着文化差异将不存在。人类文明趋于现代化的过程需要民族国家的文化认同，需要民族国家保持自身文化的特殊性，保持其特定的礼仪文化传统，为人类文明的多样性提供宝贵资源。同时，人类文明发展有一个整体的趋势，这种趋势又要求民族国家不断地对自己的民族文化进行再解释和再转化，以更好地适应人类文明的发展。

---

① 习近平：《习近平谈治国理政》第二卷，外文出版社2017年版，第524页。
② ［意］艾伯特·马蒂内利：《全球现代化——重思现代性事业》，李国武译，商务印书馆2010年版，第41页。

167

对民族国家来说，文化之礼体现在民族国家内部以及本民族国家与其他民族国家之间的交流互鉴。"文明必然需要一种双向的流动。它通过了解自己与其他'迄今不为人所知的'他者之间的差异来界定自己。同时，它又将自己'曾经'的状态带给（有人可能说是强加给）'粗野和未开化的民族'。"[1] 礼在这里是文明达到的一种状态，是指我们应该具有反省精神的文明。现代民族国家要在与他国的对比中，在自己既有的文明历史演进中反省自己的文明状态。这里的反省意味着现代民族国家不但以文明之礼将社会成员联结在一起，而且其自身能够以理性清醒的态度正视本民族的文化在人类文明进程中的位置。

民族国家的不同文化之所以能够得到彼此的认同，其原因在于：文明作为一种和合关系形式，是向所有民族开放的。各个民族国家以自己的特有方式取得不同样式、不同程度的文明，作为整体的人类文明在民族国家文化相互认可的基础上不断得到完善。对民族国家文化的认同需要遵循一定的基本原则，平等、公正、和平、对话、共享、共荣是基本原则的题中应有之义。

我们还需要注意，在技术和数据占有绝对优势地位的当下，人工智能和科学技术的发展已经使人掌握了设计生命的能力，其对人类文明的民族国家认同构成了一定的挑战。"人类可能面临的重大危险和机遇恰恰来自人类自身。人性中包含着一种理想性的可能，但也标识出一种可行性的限度，确定了我们所能期望和作为的大致范围。"[2] 尽管技术对人类文明与民族国家文化的认同构成了一定的挑战，但是人类文明仍然需要在人性的范围内继续前进。人类命运共同体指向的人类文明发展的新形态既对未来充满期待，也积极地对现实的技术挑战和文明难题给予回应，走人类文明发展的理想——现实主义之路。

---

[1]［美］布鲁斯·马兹利什：《文明及其内涵》，汪辉译，商务印书馆2017年版，第41页。

[2] 何怀宏：《文明的两端》，广西师范大学出版社2022年版，第498页。

第八章 礼和天下："浙江有礼"对人类文明新形态的探索

（三）"浙江有礼"践行人类文明新形态

《中共中央关于党的百年奋斗重大成就和历史经验的决议》指出："党领导人民成功走出中国式现代化道路，创造了人类文明新形态，拓展了发展中国家走向现代化的途径，给世界上那些既希望加快发展又希望保持自身独立性的国家和民族提供了全新选择。"[1] 人类文明新形态为其他国家发展现代化、建设文明提供了一种选择参考。"浙江有礼"省域文明新实践立足于人民的日常生活，对中国式现代化道路创造的人类文明新形态作出进一步的探索。

浙江省作为高质量发展建设共同富裕示范区，在物质文化建设领先的基础上，积极发挥精神文明的引领示范作用。自改革开放以来，浙江省的文化文明建设一直秉持以人为本、科学发展的理念，并形成了建设文化大省、强省的特色。这些特色可以概括为：其一，"先进文化凝聚共识，社会主义核心价值体系逐渐深入人心"；其二，"公共文化服务体系惠及人民，文化家园益善益美"；其三，"文化体制改革深入推进，文化产业强势发展"。[2] 进入中国特色社会主义新时代，"浙江有礼"在浙江省精神文明建设的原有基础上推陈出新，积极推进中国式现代化道路和人类文明新形态的浙江实践。

"浙江有礼"省域文明新实践的主要目标是以人的现代化为核心，实现浙江人思想道德素质、科学文化素质、身心健康素质显著提升，在坚持社会主义核心价值观的基础上，让"务实、守信、崇学、向善"成为浙江人的共同价值追求，同时，倡导"从我做起"，发挥全民行动的自觉性，让每一个浙江人都成为文明的代言人。"相对于西方现代文明对人的绝对个体性理解，中华优秀传统文化始终将人理解为既具有个体性，又具有社

---

[1] 《中共中央关于党的百年奋斗重大成就和历史经验的决议》，《人民日报》2021年11月17日第1版。

[2] 潘捷军主编：《从文化大省到文化强省：浙江文化建设新探》，社会科学文献出版社2012年版，第6—7页。

群性的存在,从而让人的生活尽可能在两者间保持张力性的平衡。"①"浙江有礼"省域文明新实践秉持中华优秀传统文化精神之精华,与西方社会自启蒙运动以来宣扬的基本价值观念既有相同之处,又有差异,体现本民族在精神文明建设上的自主性,从而推进区域共同体的建设,为了人民,依靠人民,探索人类文明新形态的实践样式。

"浙江有礼"省域文明新实践坚持在公共文化服务体系惠及人民的基础上,推进民生建设工程,提高基层的现代治理水平,不再把精神文明建设作为物质文明建设的补充,而是将其视为中国式人类文明新形态的必备要素,以精神文明建设工程推动现代化治理水平和治理能力的提高。这是物质文明与精神文明相协调、人与自然和谐共生的现代化,以人类命运共同体的文明延续和发展为己任。

"浙江有礼"省域文明新实践在文化体制改革深入推进的基础上,推出"有礼"品牌,注重"礼"的传承与推广传播,以实践检验和发展中国式现代化的成果,并产生文化传播效应,以此为其他民族国家发展现代化和建设现代精神文明提供经验和参考,同时,在一些相关文化领域,注重发展文化产业,在文化和精神文明的发展中发现并解决物质文明建设遗留的问题,达到以精神文明助推物质文明建设的作用。

作为高质量发展建设共同富裕示范区,浙江处在新时代的新起点。一方面,"浙江有礼"以时代精神不断激活中华优秀传统文化的生命力。"浙江有礼"根植中国文化,结合本国国情,遵循地域文化发展规律,在借鉴学习人类优秀文明成果的基础上,以地方实践打造"浙江样板";另一方面,"浙江有礼"以数字文明助推中国式现代化道路的探索。"浙江有礼"不但以数字技术助推物质文明、精神文明、政治文明、社会文明、生态文明这五种文明形态,而且发挥数字文明的引领作用,创新文明实现形态,以地方实践贡献"浙江方案"。

---

① 王正:《人之视野下的人类文明新形态》,《哲学研究》2022年第1期。

第八章 礼和天下:"浙江有礼"对人类文明新形态的探索

正如习近平总书记所言:"亲仁善邻、协和万邦是中华文明一贯的处世之道,惠民利民、安民富民是中华文明鲜明的价值导向,革故鼎新、与时俱进是中华文明永恒的精神气质,道法自然、天人合一是中华文明内在的生存理念。"[①] 锐意改革、与时偕行,"浙江有礼"省域文明新实践承继中国传统文明礼仪,为人类文明新形态作出积极有益的探索,以人的现代化为中心,在有礼中濡养现代人的精神,以现代人的精神推进实现人类文明新形态。

---

① 习近平:《习近平谈治国理政》第三卷,外文出版社2020年版,第417页。

后 记

2023年3月15日，习近平总书记在中国共产党与世界政党高层对话会上的主旨讲话中指出："中国共产党将致力于推动文明交流互鉴，促进人类文明进步。当今世界不同国家、不同地区各具特色的现代化道路，植根于丰富多样、源远流长的文明传承。人类社会创造的各种文明，都闪烁着璀璨光芒，为各国现代化积蓄了厚重底蕴、赋予了鲜明特质，并跨越时空、超越国界，共同为人类社会现代化进程作出了重要贡献。中国式现代化作为人类文明新形态，与全球其他文明相互借鉴，必将极大丰富世界文明百花园。"[1] 浙江省正在推进的"浙江有礼"省域文明新实践，依托新时代文明实践中心等阵地，大力倡导践行以"爱国爱乡、科学理性、书香礼仪、唯实惟先、开放大气、重诺守信"，以及"敬有礼、学有礼、信有礼、亲有礼、行有礼、帮有礼、仪有礼、网有礼、餐有礼、乐有礼"为主要内容的"浙风十礼"，让每一位浙江人都成为文明浙江的代言人和受益者，为共同富裕示范区和省域现代化建设提供精神文明支撑，是人类文明新形态的省域探索。

---

[1] 习近平：《携手同行现代化之路——在中国共产党与世界政党高层对话会上的主旨讲话》，《人民日报》2023年3月16日第2版。

本书从"浙江有礼"省域精神文明新实践出发，梳理了浙江文脉中的礼文化资源，总结了"浙江有礼"的实践经验与数智体系，并对如何以时代精神创新转化优秀传统文化、赓续红色文化与历史文脉、推动精神文明和物质文明协调发展进行了理论探索。"礼"不仅成为浙江的文化标志，而且作为省域高质量发展的重要驱动力，集中展现了中国式现代化道路的无比优越性和人类文明新形态的强大生命力。本书得益于浙江省教育厅思政专项课题的资助，作者在撰写过程中得到了浙江财经大学党委领导和党委宣传部同志们的大力支持。在此一并致谢！书中如有不当之处，敬请读者批评指正。

编 者

2023 年 3 月 28 日